Christoph Zehendner

JEDER VERDIENT EINE ZWEITE CHANCE

Hoffnungsträger-
Geschichten aus
dem **Seehaus** und
dem Rest der Welt

BRUNNEN
Verlag GmbH · Giessen

Christoph Zehendner,
Journalist, Moderator, Texter und Theologe,
Jahrgang 1961, lebt mit seiner Frau in Triefenstein bei Würzburg.
www.christoph-zehendner.de

© 2021 Brunnen Verlag GmbH, Gießen
Projektleitung und Lektorat: Petra Hahn-Lütjen
Fotos: Patrick Juncker, Torben Mundorff, Wolfram Scheible, Benedikt
     Schweizer, Provincia Iglesia Anglicana del Caribe y la Nueva
     Granada, *Seehaus e. V., Hoffnungsträger Stiftung,* Christoph
     Zehendner
Coverfoto: Benedikt Schweizer
Umschlaggestaltung: Jonathan Maul
Satz: DTP Brunnen
Herstellung: GGP Media GmbH
Gedruckt in Deutschland
ISBN Buch 978-3-7655-0757-1
ISBN E-Book 978-3-7655-7579-2
www.brunnen-verlag.de

Ganz persönlich

Die Arbeit an diesem Buch hat mich mit außergewöhnlichen Frauen und Männern zusammengebracht, deren Motivation und deren Arbeit ich hier vorstelle. Ob im *Seehaus* in Leonberg, in den verschiedenen *Hoffnungshäusern* oder in Kolumbien – immer neu war ich bewegt, ja tief beeindruckt von dem Einsatz, den sie dort leisten.

Stellvertretend widme ich dieses Buch Sara und Felix Bader *(Seehaus),* Angelika und Thomas Röhm (Leitung *Hoffnungshäuser),* Jenny Xiomara Montoya (Engel der Gefangenen in Barranquilla), Jorge Rivera Anzola (Ex-Polizist und heutiger „Versöhner" in Granada und anderswo) sowie Elizabeth Cortez Nassif (Übersetzerin mit Schutzengel-Qualitäten in Medellín).

Und – mit einer tiefen Verbeugung – Tobias Merckle, der sein ganzes Leben dafür einsetzt, dass Menschen eine zweite Chance bekommen. Weil er um Gottes willen das Gute in ihnen sieht.

Christoph Zehendner

Inhalt

Was uns an diesem Buch begeistert

Ich kann mich noch genau an den Tag erinnern, als Tobias Merckle mir im Justizministerium von seiner Idee erzählt hat. Irgendwie hatte ich damals schon das Gefühl, dass ihn der liebe Gott geschickt hat. Jedenfalls bin ich zutiefst dankbar, dass ich das *Seehaus* von Anfang an begleiten darf.

Es ist ein mutiges Projekt der Hoffnung, der Zuversicht und des Vertrauens in uns Menschen, wahrhaft gelebte Nächstenliebe. Überzeugend ist, dass die Nächstenliebe aus dem *Seehaus* heraus keine Grenzen kennt. Diese wichtige Perspektive vermittelt Christoph Zehendner mit diesem Buch.

Johannes Schmalzl, Hauptgeschäftsführer
der IHK Region Stuttgart

Das *Seehaus* bietet strafgefangenen Jugendlichen die Chance, im *Vollzug in freien Formen* ihr Leben zu ändern. Sie erfahren hier oft zum ersten Mal, was eine funktionierende Familie bedeutet und wie sich Sicherheit und Geborgenheit anfühlen. Diese Emotionen sind ein wichtiger Bestandteil des pädagogischen Konzepts – genau wie die Auseinandersetzung damit, wie sich Straftaten auf die Opfer auswirken und was Wiedergutmachung bedeutet.

Ein weiterer wichtiger Baustein ist die berufliche Ausbildung in den Bereichen Schreinerei, Zimmerei/Bau, Metall- sowie Garten- und Landschaftsbau. Neben der Qualifikation geht es vor allem darum, den jungen Menschen einen strukturierten Arbeitsalltag vorzugeben und ihnen eine Perspektive zu bieten. Zu zeigen, dass es ein schönes Gefühl ist, etwas zu schaffen, und dass man hierfür Respekt und Anerkennung erhält. Kooperationspartner gibt es viele. Auch unsere Stadtverwaltung setzt auf die Arbeit des *Seehauses*. Auch hierbei geht es um einen pädagogischen Wert, etwas für die Allgemeinheit zu leisten.

Im Namen der Stadt Leonberg und des Gemeinderats danke ich dem gesamten *Seehaus*-Team ganz herzlich für die engagierte Arbeit. Ein beeindruckendes Ergebnis des großen Engagements ist, wie sich jugendliche Straftäter durch Struktur, Akzeptanz, Anerkennung und Wertschätzung verändern.

Das *Seehaus* schafft neue Perspektiven. Die Stadt Leonberg ist stolz, eine solche Einrichtung zu haben.

Oberbürgermeister Martin Georg Cohn, Leonberg

Tobias Merckle ist für mich im gleichen Atemzug zu nennen wie Friedrich von Bodelschwingh, Johann Heinrich Wichern, Gustav Werner, Theodor Fliedner und andere große Gestalten der Diakonie-Geschichte. Nur dass es Tobias Merckle geschafft hat, zweihundert Jahre später im gleichen Sinne Diakonie neu zu erfinden. Wie kaum ein anderer hat er den diakonischen Gründergeist auch im Jahr 2021. Was Tobias im *Seehaus* und anderswo tut, ist „Diakonie 2.0" und wird Deutschland über kurz oder lang verändern. Was er tut, ist mutig. Und überzeugt alle Kritiker.

Selten hat ein Buch so viel positive Hoffnungsworte in sich gehabt. Auf jeder Seite: Hoffnung, auch für schwerste Fälle. Es scheint, als ob der Autor selbst von diesem *Seehaus*-Hoffnungs-Virus infiziert wurde!

Heiko Bräuning, Fernsehpfarrer bei der
„Stunde des Höchsten" der Zieglerschen

Seit vielen Jahren stehe ich in Kontakt mit dem *Seehaus* und dem *Hoffnungshaus* in Leonberg. Die Konzepte im Strafvollzug und in der Flüchtlingsarbeit, der Umgang mit den Menschen dort und das hohe Engagement des Mitarbeiterteams haben mich immer sehr beeindruckt.

Christoph Zehendner gelingt es in seinem Buch, viele verschiedene Geschichten lebendig werden zu lassen, und übermittelt uns bewegende Berichte aus Kolumbien und Deutschland.

Christliche Nächstenliebe zeigt sich hier ganz konkret.

Sabine Kurtz MdL, Vizepräsidentin des Landtags von Baden-Württemberg

Ich habe die Arbeit des *Seehaus e. V.* am Standort Leipzig bei mehreren Besuchen kennengelernt. Zudem verbindet mich mit Angelika Röhm von der *Hoffnungsträger Stiftung* seit Jahren eine Freundschaft.

In beiden Organisationen sind Mitarbeiter bereit, ihr Leben mit Menschen zu teilen und diejenigen zu unterstützen, die Hilfe benötigen, die am Rand der Gesellschaft stehen oder die eine neue Chance im Leben ergreifen möchten. Dabei stehen sie nicht nur als Ansprechpartner, Fachkraft und Coach zur Verfügung, sondern nehmen diese Menschen sogar in ihre Familie bzw. ihren persönlichen Freundeskreis auf. Das ist Integration pur und beeindruckt mich daher sehr.

Auch ich habe im Jahr 2018 eine Stiftung gegründet, weil ich der Überzeugung bin, dass wir uns im Rahmen unserer zeitlichen und finanziellen Möglichkeiten gesellschaftlich engagieren sollten. Dies verbindet mich mit Tobias Merckle, der sich sehr früh in seinem Leben für genau diesen Schritt entschieden hat.

Die Früchte dieser Entscheidung sehen wir heute in den Organisationen *Seehaus e. V.* und *Hoffnungsträger Stiftung.* Tobias Merckle und den Mitarbeitern wünsche ich auch für die Zukunft viel Kraft für ihre wichtigen Tätigkeiten.

Ralf Rangnick, Fußballtrainer und -manager
sowie Stifter der Ralf Rangnick Stiftung

Gemeinsam mit starken Mitstreitern engagieren wir von der *Sepp-Herberger-Stiftung des Deutschen Fußball-Bundes* uns mit der Initiative *Anstoß für ein neues Leben* für jugendliche Strafgefangene und bemühen uns darum, zusammen eine Perspektive für die Zeit nach der Haftentlassung zu erarbeiten. Dabei zählt Tobias Merckle mit seinem Verein *Seehaus e. V.* zu unseren Kooperationspartnern. Ebenso wie Sepp Herberger hat sich Tobias Merckle das Engagement im Bereich der Resozialisierung zur Lebensaufgabe gemacht und weiß dabei unsere Stiftung an der Seite der *Seehäuser* in Leonberg und Leipzig – ein wichtiges Engagement für Menschen, die Fehler begangen und anderen damit Leid zugefügt haben, aber trotzdem unsere Nächsten sind, die mit entsprechender Einstellung eine zweite Chance verdient haben. Eine Chance auf ein Leben ohne Straftaten und ohne Gefängnismauern.

Michael Herberger, stv. Vorsitzender
DFB-Stiftung Sepp Herberger

Christoph macht mit *Jeder verdient eine zweite Chance* ein Buch voller Kapitel über hoffnungsvolle Fälle auf. Das Besondere: Auf den ersten Blick steht man vor Geschichten, die eher von Versagen und Verletzungen, von Gewalt und Brüchen geprägt sind. Doch dann werden die Begegnungen in einem Gefängnishof in Kolumbien, einem schwäbischen Haus am See oder einer unglaublichen WG noch einmal ganz anders lebendig. Es ist der Moment, wenn beim Herz des Erzählenden ankommt und es wieder neu entdecken darf: Gerade dort, wo es so dunkel ist, kann Hoffnung besonders hell strahlen.

Judy Bailey & Patrick Depuhl, weit gereistes Musikerpaar

„Liebe liebt das Gute in einem Menschen heraus", so könnte man das Ziel der verschiedenen Arbeitszweige von Tobias Merckle beschreiben. Seit vielen Jahren verbinden Tobias und mich viele Projekte, alle wurden für mich zu echten Herzensanliegen.

Ein Maler wurde einmal gefragt, wie er es schaffen würde, Licht in einem Bild zu erzeugen. Seine Antwort: „Indem ich viele Schatten male." Christoph Zehendners Buch schafft beides: Wir lernen die Schattenwelt von Ungerechtigkeit, Gewalt, Verletzungen und Hoffnungslosigkeit kennen, in der viele Menschen leben müssen – wir beobachten aber auch, wie auf ganz wunderbare Weise Licht in hoffnungslose Situationen hineinfällt, wie Neuanfang möglich wird, wie Menschen aufatmen und mit geradem Rücken ihren Weg gehen können. „Beleuchtet" durch den, der das „Licht der Welt" ist – Jesus Christus.

Christophs Buch gibt Einblick in das Leben und die Herzen von Menschen, die schuldig geworden sind, und ermöglicht uns tiefe Einblicke in die Motivation der engagierten Christen, die ihnen geholfen haben und helfen. Die wahren Geschichten dieses Buches haben mich berührt, zum Nachdenken gebracht und ermutigt. Danke dafür, Christoph!

Michael Stahl, Ex-Bodyguard, Selbstverteidigungs-Trainer,
Herzenskämpfer

1.

Ich sehe das Gute in dir –

Von Visionären, *Seehaus*-Jungs, *Hoffnungsträgern* und einer sehr guten Idee

Einmal Pizza, einmal Pasta, einmal einen Hamburger. Davor drei verschiedene Vorspeisen – zum Probieren. Und drei verschiedene Säfte – frisch gepresst natürlich. So gehört sich das hier in Kolumbien.

An einem lauschigen Novemberabend sitze ich bei sommerlichen Temperaturen von vielleicht 28 Grad gemeinsam mit zwei jungen Frauen in einem Straßenrestaurant in der kolumbianischen Millionenstadt Medellín.

Wir sind zu Fuß hier. Simone wohnt in der Gegend. Anna und ich (nur für ein paar Recherche-Tage) sind im Bürogebäude des kolumbianischen Zweiges von *Prison Fellowship* untergebracht. Alles hier in der Nähe, ein paar Hundert Meter weit weg.

Beim Spaziergang hierher konnte ich das Stadtviertel auf mich wirken lassen. Ungewöhnlich viel Verkehr drückt sich durch die nicht besonders breiten Straßen. Denn anderswo in Medellín wird heute demonstriert, protestiert, Krach geschlagen: im Zentrum und auf den breiten Zufahrtstraßen. Tausende, vielleicht Zehntausende von Menschen machen dort gerade ihrem Ärger Luft. Trommeln mit Kochlöffeln auf Pfannen oder Töpfe. Rufen Parolen. Fordern mehr soziale Gerech-

15

tigkeit, bessere Bildung, bessere berufliche Chancen, höhere Renten. Laute Hilfeschreie einer Gesellschaft, in der die Schere zwischen wenigen Reichen und sehr vielen Armen immer weiter auseinandergeht.

Wir wollten zur Feier des Tages (Anna hat heute Geburtstag) eigentlich in der Abenddämmerung mit einer Seilbahn über die Dächer der Stadt in die höchstgelegenen Viertel schweben, mit Traumblick über eine manchmal albtraumhafte Stadt, und anschließend unten in der City fein essen gehen. Doch kundige Einheimische haben uns abgeraten: aus Sorge um unsere Sicherheit. Niemand kann ermessen, ob die Demos nicht vielleicht auch so gewalttätig enden werden wie die vor ein paar Tagen in der Hauptstadt Bogota, wo es sogar Todesopfer gab. Deswegen sind wir hier gelandet, in diesem Stadtviertel. Ein wenig ab vom Schuss. Aber auch recht nett.

Auf unserem Weg sind mir einige große Ballen mit Plastikmüll in einer Ecke aufgefallen. Und die beiden jungen Männer, die dort gerade ihr Nachtquartier aufschlagen. Auch den schon etwas älteren Herrn habe ich wahrgenommen, der mitten auf dem Bürgersteig seinen Rausch ausschlief – auf einem zerschlissenen Pappkarton, notdürftig zugedeckt mit ein paar Zeitungen.

Kolumbien ist ein faszinierendes Land: farbenfroh, lebendig, kreativ und voller Rhythmus. So erlebe ich es, seit ich vor ein paar Tagen hier gelandet bin. Aber ich habe in dieser kurzen Zeit auch schon eine Ahnung von den gewaltigen sozialen Problemen im Land bekommen: beim Blick aus dem Fenster, bei Fahrten durch Stadt und Umgebung. Und jetzt gerade beim Spaziergang hierher.

Was ich ohne die beiden Frauen an meinem Tisch (und einige weitere auskunftsbereite Menschen) nicht auf Anhieb entdecken würde: Kolumbien ist durch und durch geprägt von Gewalt. Blutige Jahrzehnte stecken den Menschen in den Knochen: Diktatur. Guerillagruppen. Paramilitärs. Drogenbarone. Brutaler Hass. Gewalt. Lynchjustiz. Korruption. Unzählige Menschen haben ihr Leben verloren. Auch wenn sich inzwischen manches zum Guten entwickelt, wenn Regierung und ein Teil der Guerilla Frieden besiegelt haben (wenigstens auf dem Papier): Die Gewalt bleibt ein schlimmer Faktor in diesem Land. Morde sind immer noch an der Tagesordnung.

Eine Folge davon: Die Gefängnisse in Kolumbien sind absolut überfüllt mit Häftlingen. Die Verhältnisse in diesen Anstalten sind verheerend. Menschenverachtend. Himmelschreiend. Jeder Knast ist eine Brutstätte für Gewalt, ein wahres „Ausbildungszentrum" für Kriminelle.

Anna und Simone, mit denen ich heute zu Abend esse, nehmen diesen Zustand nicht hin. Beide Frauen haben sich schon in ihrer ursprünglichen Heimat Deutschland in Studium und Beruf konzentriert auf die Frage: Wie kann man Menschen, die straffällig geworden sind, am besten zurück in die Gesellschaft begleiten?

Simone, Ende zwanzig, arbeitete im heimischen Baden-Württemberg als Bewährungshelferin. Und entwickelt hier in Kolumbien Resozialisierungsprogramme für den kolumbianischen Zweig der internationalen Gefangenenhilfsorganisation *Prison Fellowship*. Zweieinhalb Jahre Kolumbien-Erfahrung hat sie bereits. In ein paar Monaten soll es zurückgehen nach Deutschland.

Die Hamburgerin Anna, ein paar Jahre älter und erst seit wenigen Monaten in Kolumbien, hat zum Thema „Integration von Straffälligen in die Gesellschaft" ebenfalls schon viel studiert und viel Erfahrung gesammelt. Anna ist hier, um ein ehrgeiziges Projekt zu begleiten: Jugendstrafvollzug in freier Form. Auf einem malerisch gelegenen Bauernhof mit mehr als viertausend Avocado-Bäumen – ohne Mauern und Stacheldraht. Mit einem straffen sozialen Trainingsprogramm. Und mit der Hoffnung, dass jugendliche Straftäter so besser in die kolumbianische Gesellschaft zurückfinden als nach verlorenen Jahren im Jugendknast.

In Deutschland gibt es bereits einige solcher Projekte: Seit 2011 das *Seehaus* in Leipzig und schon seit 2003 das in Leonberg. Im Leonberger *Seehaus* hat Anna eine Weile mitgearbeitet. Sich um die jungen Strafgefangenen – die „Jungs", wie man sie im *Seehaus* nennt – gekümmert. Stärken und Schwächen, Chancen und Grenzen des *Seehaus*-Konzepts kennengelernt. Nun soll hier in der kolumbianischen Gesellschaft etwas Ähnliches entstehen – ein Haus der zweiten Chance, das jungen Leuten zurück in die Gesellschaft hilft.

Auch wenn Gefängnisse nicht mein Spezialgebiet sind: Ich könnte den beiden charmanten Fachfrauen Anna und Simone stundenlang zuhören. Sie beobachten die Lage in Kolumbien mit offenen Augen. Sie kennen die möglichen Stolpersteine und die zu erwartenden Schwierigkeiten – und sie entwickeln und verfolgen gemeinsam mit den einheimischen *Prison Fellowship*-Mitarbeitern Ideen und Programme, die Hilfe bringen und das Leben vieler Menschen verändern könnten.

In ihren Augen spiegelt sich die Hoffnung darauf wider, dass die Welt nicht so böse und gewalttätig bleiben muss, wie sie ist. Das Engagement der Frauen hat eng mit ihrem christlichen Glauben zu tun: Beide haben die Aufforderung Jesu gehört. Und wollen jetzt in ihrem speziellen Lebensbereich Salz und Licht sein. Ich finde die beiden beeindruckend. Mut machend. Ansteckend.

„Worum genau soll es eigentlich gehen in dem Buch, das du schreibst?", fragt Simone mich wie aus heiterem Himmel. Dass ich hier bin, um Gespräche zu führen, um Informationen zu sammeln, um einen Eindruck der *Prison Fellowship*-Arbeit hier in Kolumbien zu bekommen, das hat sich herumgesprochen. Dass aus diesen Recherchen ein Buch entstehen soll, wissen die beiden. Jetzt wollen sie es konkreter wissen. Und quetschen mich aus.

Ich fange an zu erzählen. Und merke, dass Simones Frage gar nicht so leicht in ein, zwei Sätzen zu beantworten ist:

Im Auftrag des Brunnen Verlages will ich das Leonberger *Seehaus* vorstellen, sein Konzept, seine Mitarbeiter, eine Reihe der Jungs, die dort gerade ihre Gefängnisstrafe „absitzen".

Und natürlich den Mann, der das *Seehaus*-Konzept erfunden hat und der das Haus bis heute prägt und leitet: Tobias Merckle, Spross einer bekannten Unternehmerfamilie, Sozialpädagoge, Chef des deutschen Zweiges der internationalen Organisation *Prison Fellowship*, großzügiger Stifter und so manches mehr. Tobias will nicht im Mittelpunkt des Buches stehen, das hat er mehrfach betont. Er ist zwar Visionär, Geldgeber, Motor, engagiertester Mitarbeiter bei einer ganze Reihe ähnlich gelagerter Projekte in verschiedenen Ländern der Welt. Aber er investiert seine Zeit lieber in Menschen als in Medienpräsenz. Er beschäftigt sich lieber mit neuen Konzepten für seine Schützlinge als mit Talkshowauftritten. Er wirkt eher schüchtern als strahlend – aber gerade deshalb ist er vermutlich der einzige Mensch auf dieser Welt, der solch ungewöhnliche Konzepte und Hilfsangebote starten und so konsequent durchziehen könnte.

Und doch wird es im Buch viel um ihn gehen. Um seine Anliegen. Seine Visionen. Seine Hoffnungen. Seine Hilfsprojekte. Denn zum ziemlich ungewöhnlichen Ideenstrauß von Tobias Merckle gehört nicht nur das *Seehaus*. Auf seinem fruchtbaren Mist gewachsen sind auch die *Hoffnungsträger Stiftung*, das Konzept der *Hoffnungshäuser* sowie die *Hoffnungs-Patenschaften*.

Anna und Simone kennen Tobias. Und sie kennen all diese Stichworte und können sich darunter einiges vorstellen:

Die *Hoffnungsträger Stiftung* will – wie ihr Name sagt – Hoffnung stiften. Hoffnung gerade in „hoffnungslos" wirkenden Gegenden der Welt, wo Armut und Elend besonders groß und die Zukunftsaussichten besonders schlecht sind. Hoffnung in gebeutelten Staaten wie Indien, Kambodscha und Sambia. Und eben auch Kolumbien. Hier, wo Gewalt und Blutvergießen zur Normalität gehören, wo die innere Sicherheit wackelt und die Wirtschaft taumelt.

Hoffnung will die Stiftung zum Beispiel den Angehörigen von Menschen bringen, die gerade im Gefängnis sitzen – die *Hoffnungsträger* vermitteln Patenschaften. Paten in Deutschland spenden Monat für Monat Geld. Das kommt einem betroffenen Kind zum Beispiel in Kolumbien zugute. Mit dem Geld werden Schulkleidung und Bücher bezahlt, Arztbesuche und so manches mehr. So bekommt das Kind eines Knackis eine Chance fürs Leben.

Hoffnung und Zukunft wollen die *Hoffnungsträger* aber auch Strafgefangenen in kolumbianischen Gefängnissen vermitteln. Beispielsweise durch Begegnungen und Versöhnungsgespräche zwischen Tätern und Opfern.

Und schließlich unterstützen die *Hoffnungsträger* hier in Kolumbien einige von Gewalttaten und Massakern besonders hart getroffene Kommunen. Und sorgen dafür, dass dort in einem langen Prozess Täter und Opfer zusammenkommen und dass „Dörfer der Versöhnung" entstehen.

Doch nicht nur im Ausland will die *Stiftung Hoffnung* und Versöhnung vorantreiben. Auch in Deutschland setzt sie Zeichen:

Sie konzipiert und baut sogenannte „*Hoffnungshäuser*": Oasen, in denen Deutsche und Migranten zusammenleben, einander kennenlernen, eine stabile Gemeinschaft bilden können. Orte der Begegnung, die Integration möglich machen, bevor es zu Vorurteilen, Ausgrenzungen, Abgrenzungen kommen könnte.

„Aus meiner Sicht hängt das alles irgendwie mit allem zusammen – *Seehaus*, *Stiftung*, *Hoffnungshäuser*", schließe ich meinen kurzen thematischen Rundumschlag ab. Und schaue auf der Suche nach Verständnis abwechselnd Anna und Simone an. Beide nicken. Die Erkenntnis, die ich erst in den letzten Tagen gewonnen habe, ist für sie schon lange selbstverständlich.

„All das gehört zusammen. In der Person und im Anliegen von Tobias Merckle. Aber eben auch in einem Konzept mit weitreichender Perspektive. Und mit vielen verschiedenen Bestandteilen. Deswegen will ich in meinem Buch viele spannende Menschen vorstellen, die mit *Seehaus* oder *Hoffnungsträgern* zu tun haben. In kurzen Reportagen, die wie Puzzleteilchen gestaltet sind. Wer sich eines nach dem anderen von diesen Teilen vornimmt und betrachtet, bekommt dann am Ende ein gutes Gesamtbild. Ein Bild voller Hoffnung und Versöhnung. Ein Bild, das Mut machen und anstecken kann."

Anna und Simone nicken weiter. Sie stimmen mir zu und wünschen dem Projekt viel Erfolg. Sieht so aus, als würden sie sich für mein Buch interessieren. Ich muss mir unbedingt notieren, dass die beiden ein Exemplar bekommen, wenn das Buch erscheint, geht mir durch den Kopf.

Inzwischen sind die Vorspeisen verputzt. Simone scheint ihren ultradicken Hamburger zu genießen. Anna und ich sind nur mäßig glücklich mit der nicht besonders originell abgeschmeckten Käsesoße zur Pasta beziehungsweise mit dem sehr dicken und staubtrockenen Pizzaboden. Aber egal, in netter Gesellschaft und bei einem so wichtigen Thema vergeht die Zeit wie im Flug.

Plötzlich erwische ich mich dabei, wie ich den beiden eine Frage stelle, die mich schon länger beschäftigt. Und die für mein Buch ganz wichtig ist: „Wenn ihr die Arbeit von Tobias Merckle und seiner verschiedenen Betätigungsfelder in einem Satz zusammenfassen müsstet – wie würde dieser Satz lauten?"

Beide Frauen lassen sich die knifflige Frage einen Moment durch den Kopf gehen. Dann antwortet Simone: „Es gibt keine hoffnungslosen Fälle, jeder Mensch verdient eine Chance und soll sie bekommen. Davon ist Tobias Merckle überzeugt, und das will er in seinen verschiedenen Projekten umsetzen."

Ein sehr guter Vorschlag, finde ich. So könnte man Anliegen und Konzept der verschiedenen Initiativen zusammenfassen, die ich in meinem Buch vorstellen will: eine Chance für jede und jeden. Eine zweite Chance. Und dann vielleicht noch eine dritte und vierte. Auch für scheinbar „hoffnungslose Fälle" wie Strafgefangene, Kinder aus extrem armen Familien, Flüchtlinge ohne Deutschkenntnisse. Sie alle sollen um Gottes willen gesehen, verstanden und gefördert werden. Und können dadurch zu *Hoffnungsträgern* werden.

Anna nickt. Auch ihr gefällt Simones Vorschlag. Dann erinnert sich Anna plötzlich an einen Satz aus Südafrika, den sie einmal von einer geistlichen Begleiterin gehört hat: „Sawubona. Ich sehe das Gute in dir."

„Sawubona" sagen die Zulu als Begrüßung. Und so formulieren sie gerade auch dann, wenn ihr Gegenüber einen Fehler gemacht hat. Wenn er etwas gestohlen hat. Oder zugeschlagen, zerstört, missbraucht.

Dann wird der Übeltäter, so berichtet Anna, in einen Kreis gestellt. Sein Vergehen wird nicht verschwiegen, sondern ausgesprochen. Aber es gilt dabei eben auch: „Wir sehen das Gute in dir." Und wir wollen dir deshalb helfen, wieder in die Gesellschaft zurückzukehren. Deine Schuld zu bereuen. Ein anderes Verhalten einzuüben. Deine Chance zu nutzen. Einen

Neuanfang zu wagen, eine Versöhnung: Ja, du verdienst eine zweite Chance. Zu deinem Wohl und zum Wohl der Allgemeinheit.

Mensch, das ist es. Ganz genau. In meinem Hirn gehen innerlich ein paar leuchtende Feuerwerke hoch. Vermutlich kann man ihren Schein in meinen Augen erkennen. „Jeder verdient eine zweite Chance" – so lässt sich all das trefflich zusammenfassen, worum es in diesem Buch gehen soll.

Der Kellner in dem kleinen Lokal schaut nun schon zum dritten Mal bei uns vorbei und fragt, ob noch irgendetwas fehlt. Ich sehe mich kurz um und stelle fest: Wir sind die letzten Kunden. Er will offenbar Feierabend machen.

Ich zahle. Bedanke mich bei Anna und Simone für den wunderbaren Abend. Für all das, was ich gelernt habe über sie und die Projekte, in die sie so viel Liebe, Zeit, Kraft und Kompetenz stecken. Und besonders bedanke ich mich für ihre Ideen zum Buch.

Was die Speisen angeht, kann ich dieses Lokal (dessen Name ich hier geflissentlich verschweige) nicht uneingeschränkt weiterempfehlen. Immerhin, die Säfte waren große Klasse.

Die besondere Atmosphäre an diesem Ort aber hat mich auf dem Weg zum fertigen Buch einen großen Schritt vorangebracht. Danke, Anna und Simone. Und: Gott sei Dank für diese besondere Runde.

2.

Von harten Köpfen und verstockten Herzen –

Wie Tobias Merckle seine Berufung und sein Lebenswerk entdeckte

Ein Gefängnis in den Südstaaten der USA, in der Stadt Atlanta/Georgia. Wir schreiben das Jahr 1990. Achtzig, vielleicht einhundert Männer sind zusammengekommen. Harte Kerle. Muskelpakete voller Tattoos. Kriminelle mit reichlich „Knasterfahrung". Gescheiterte Existenzen, denen man ihr Scheitern ansieht. Aber auch viele unscheinbare Normalos, die man nicht hinter Gittern erwarten würde. Heute gibt's ausnahmsweise mal eine kleine Abwechslung im tristen Alltag: Ein Besucher aus dem fernen Deutschland ist gekommen. Interessant. Auf alle Fälle spannender als die endlosen stumpfsinnigen Stunden in der Zelle. Die meisten Gefangenen hier sind deutlich älter, deutlich kräftiger gebaut, deutlich mehr vom Leben gezeichnet als der blasse junge Mann, der sie besuchen kommt. Ein schüchterner, schmaler Bursche um die zwanzig. Der gerade zum ersten Mal in seinem Leben ein Gefängnis von innen erlebt.

Eigentlich möchte Tobias Merckle hier ja nur einen Bekannten besuchen. Kennengelernt hat er den während seines freiwilligen Einsatzes in der Drogentherapie von *Teen Challenge*. Doch in der Menge der wartenden Knackis entdeckt er den Bekannten nur kurz aus der Ferne.

Die anderen Häftlinge fordern, dass Tobias sich vorstellt. Er soll erzählen, was er hier in Amerika macht. Warum er zu ihnen gekommen ist. Das will er tun. Und er nimmt sich vor, den Gefangenen dabei irgendeine Botschaft von Hoffnung, von Zuversicht, von Liebe zu vermitteln. Seit ein paar Monaten erst ist er in Amerika. Durch sein noch nicht sehr fließendes Englisch klingt die schwäbische Muttersprache durch.

Erst unsicher, langsam, Wort für Wort. Dann allmählich immer flüssiger und engagierter berichtet er den rauen Männern. Erzählt ganz persönlich und erreicht damit das Ohr und das Herz der Männer:

Letztlich ist ein Buch daran schuld, dass er in Amerika gelandet ist, sagt Tobias. Ein Weltbestseller (Gesamtauflage laut Amazon.de: dreißig Millionen in mehr als vierzig Sprachen). Geschrieben vom amerikanischen Pastor und Prediger David Wilkerson: *Das Kreuz und die Messerhelden.* Die spannende Geschichte des christlichen Hilfswerks *Teen Challenge*, das sich anfangs um Bandenmitglieder und Straßenkriminelle in New York kümmert und viele von ihnen beim Weg aus Drogen- und Alkoholabhängigkeit heraus begleitet. Heute ein Hilfswerk, das in mehr als tausend Einrichtungen überall auf der Welt aktiv ist. Das Wege aufzeigen möchte, auf denen viele der früheren Abhängigen auch den Glauben an Jesus Christus entdecken. Und eine ganz neue Freiheit für ihr Leben.

Sechzehn Jahre jung ist Tobias Merckle, als er dieses Buch in die Finger bekommt. Er verschlingt es geradezu. Obwohl die kaputte, kranke Welt, die darin beschrieben wird, so ganz anders ist als die idyllische Umgebung, in der er aufgewachsen ist. Das Städtchen Blaubeuren am Rand der Schwäbischen Alb, nicht weit weg von Ulm, bietet ihm den Rahmen für eine weitgehend unbeschwerte Kindheit.

Weil der Vater Unternehmer ist, gibt's am Mittagstisch häufig Gespräche über Verantwortung: Verantwortung in der

Firma, Verantwortung den Mitarbeitern gegenüber, auch Verantwortung für die Gesellschaft.

Als Tobias von der Not der Bandenmitglieder in Amerika erfährt und liest, wie David Wilkerson und seine Organisation sich für sie einsetzen, fällt ein Samenkorn in sein Herz. Ein Samenkorn, das später aufgehen und reichlich Frucht tragen wird. Und das ihn dazu veranlasst, Verantwortung zu übernehmen. Eine Menge Verantwortung für Menschen, die Unterstützung brauchen.

Doch zunächst weiß der Teenager nicht recht, wie er nach dem Abitur ins richtige Leben starten soll. Bundeswehr oder Zivildienst? Tobias kann sich beides vorstellen. Er wägt ab. Eine klare Entscheidung aber fällt ihm schwer. Und so macht er gewissermaßen einen Deal mit Gott. „Ich bin bereit zum Bund zu gehen und dort meinen Wehrdienst abzuleisten, wie mein Vater es vorschlägt", überlegt Tobias. „Aber falls ich da nicht hinmuss, stelle ich dieses Jahr Gott zur Verfügung."

Ein paar Monate später, kurz vor seiner geplanten Einberufung, beschließt der Deutsche Bundestag eine Gesetzesänderung: Ab sofort sind junge Männer dann vom Wehrdienst freigestellt, wenn bereits zwei ältere Brüder bei der Bundeswehr gedient haben. Tobias hat genau zwei ältere Brüder. Und weil beide ihren Wehrdienst abgeleistet haben, hat er jetzt die Freiheit, Pläne zu machen.

Sein Vater würde es zwar gerne sehen, dass Tobias nach der Schule sofort mit einem Jurastudium beginnt, um anschließend in die Firma einsteigen zu können. Doch Tobias will zuvor das versprochene Jahr für Gott leisten. Freiwillig. Für eine wirklich sinnvolle Sache. Und so einigen sich Vater und Sohn auf einen Kompromiss: Tobias soll seinen Einsatz in den USA leisten. Und dabei fit in Englisch werden. Denn das wird ihm bei einem späteren Einstieg in die Firma helfen.

So landet der Neunzehnjährige nach den behüteten Jahren von Kindheit und Jugendzeit bei *Teen Challenge* in Chattanooga/Tennessee. Lebt vierundzwanzig Stunden am Tag mit Abhängigen zusammen, die hier einen Drogenentzug durchkämpfen. Arbeitet, lernt, feiert, lacht und weint mit ihnen zusammen. Schließt den Tag mit einem gemeinsamen Gebet ab.

Anfang September 1990 will Tobias einen der jungen Drogenabhängigen, den er bei *Teen Challenge* kennengelernt hat, im Gefängnis besuchen. Und genau deshalb steht er jetzt genau hier, vor der Gruppe von schweren Jungs, die alle eine Menge auf dem Kerbholz haben – Raubüberfälle, Drogenhandel, Einbrüche und und und.

Welche Hoffnungsbotschaft könnte er diesen hart gewordenen Männern auf die Schnelle vermitteln? Tobias stammelt erst seine kurze Vorstellung. Und macht dann eine schier unfassbare Erfahrung: Er erlebt keinerlei Berührungsängste mit diesen Kriminellen. Im Gegenteil. „Ich spürte, dass mich etwas regelrecht zu den Gefangenen hinzog. Es war ein Gefühl von Liebe für sie, über die ich bis dahin doch so gut wie nichts wusste."

Über Gefühle sprechen fällt Tobias nicht eben leicht. Er wirkt stets beherrscht, in sich gekehrt, trocken, ein wenig spröde. Aber dieses einzigartige Gefühl damals im Knast hat er seitdem nicht mehr vergessen. Davon erzählt er bei den verschiedensten Gelegenheiten und Anlässen. Und jedes Mal geht dabei ein Leuchten übers ganze Gesicht. Weil genau mit diesem Schlüsselerlebnis die Berufung seines Lebens beginnt.

Was genau er damals zu den Strafgefangenen sagt? Tobias kann sich heute nicht mehr erinnern. Aber er weiß sehr wohl: Direkt nach seiner kurzen Ansprache findet er sich in der Zelle wieder, die sich drei Knackis teilen müssen. Was er sieht, ist kärglich: ein Dreistockbett. Ein kleiner Schrank. Ein winziger

Tisch. In dieser trostlosen Umgebung müssen die drei praktisch die gesamte Haftzeit verbringen, erfährt Tobas. Ohne jede Ablenkung durch Schule, Ausbildung oder Arbeit.

Der Unternehmersohn Tobias ist in geordneten Verhältnissen groß geworden. Er erschrickt, als er hört, wie so ganz anders es hier zugeht: Er erfährt von den grausamen Subkulturen, die in amerikanischen Gefängnissen stark ausgeprägt sind. Von Banden innerhalb der Mauern, die andere Gefangene schikanieren, bedrohen, erpressen, missbrauchen. Von Drogen, Missbrauch, Gewalt sogar unter den Augen des Wachpersonals. Von Ungerechtigkeit. Willkür. Verzweiflung. Tobias begreift: Wer vorher noch kein echter Verbrecher war, der wird es unter solchen Bedingungen.

Tobias wird an diesem Tag tief erschüttert angesichts der Verhältnisse, die er zum ersten Mal in seinem Leben „live" vor Augen hat. Er nimmt sich vor, eine Alternative zu schaffen zu den bisherigen Formen des Strafvollzugs für junge Leute.

Abends kniet er in seinem Zimmer bei *Teen Challenge* vor dem Schreibtisch. Wie jeden Abend liest er einen Abschnitt aus der Bibel. Und kann es kaum fassen, was er bei Hesekiel 2,3 ff. entdeckt. Denn all das, was da über das Volk Israel ausgesagt wird, könnte genauso auch über die Gefangenen gesagt werden, die er heute kennengelernt hat.

„Er sprach zu mir: Du Menschenkind, ich sende dich zu den Israeliten, zu dem abtrünnigen Volk, das von mir abtrünnig geworden ist. Sie und ihre Väter haben bis auf diesen heutigen Tag wider mich gesündigt. Und die Söhne, zu denen ich dich sende, haben harte Köpfe und verstockte Herzen. [...] sie sind ein Haus des Widerspruchs [...]. Es sind wohl widerspenstige und stachlige Dornen um dich, und du wohnst unter Skorpionen; aber du sollst dich nicht fürchten vor ihren Worten und dich vor ihrem Angesicht nicht entsetzen."

Tobias liest und liest diesen Text, immer wieder. Und empfindet ihn als Bestätigung für seine künftige Lebensaufgabe. Genau passend zu dem, was er im Gefängnis erlebt hat.

Am nächsten Morgen erlebt er gleich noch eine Bestätigung. Wieder ist es ein Bibelvers, den der junge Mann aus Schwaben aufnimmt, als hätte Gott selbst diesen Satz an ihn ganz persönlich gerichtet:

2. Petrus 1,10: *„Darum, liebe Brüder, bemüht euch desto mehr, eure Berufung und Erwählung festzumachen. Denn wenn ihr dies tut, werden sie nicht straucheln."*

Als Tobias Merckle mir knapp dreißig Jahre später von seiner ersten Knast-Erfahrung und den beiden Bibeltexten berichtet, blitzen seine Augen. Ich spüre: Damals hat er tatsächlich eine echte Berufung fürs ganze Leben bekommen. Die beiden Bibeltexte, denen er dabei begegnet ist, drückten dabei genau das aus, was in ihm vorging. Und seit diesem Tag hat er seine Berufung nicht ein einziges Mal infrage gestellt. Mit all seiner Kraft arbeitet er daran, dieser Berufung gerecht zu werden. Bringt seine Zeit ein. Seine Kreativität. Sein unternehmerisches Denken. Seine Verbindungen. Sein Geld. Selbst seine Lebensform ordnet er diesem Ziel unter. Tobias ist Single und kann so wie ein Mönch ganz und gar für Gott und die Menschen da sein.

Er ist ein Überzeugungstäter mit großen Visionen und konkreten Zielen. Er brennt lichterloh für sein Lebensanliegen. Wo immer er tätig wird, sollen Menschen eine zweite Chance bekommen. Soll nicht nur der Verbrecher in ihnen gesehen werden, der Gescheiterte, der Heimatlose, der Geflüchtete, der Außenseiter. Sondern der von Gott geliebte, einzigartig geschaffene Mensch.

Ich höre Tobias Merckle zu. Lerne ihn immer ein bisschen mehr kennen. Und begreife allmählich: Diese verschiedenen

Faktoren bzw. die Erfahrungen von vor langer Zeit haben seine Persönlichkeit zu dem heranreifen lassen, der er heute ist.

Im Bild gesprochen: Das „Schaufenster" dieses außergewöhnlichen Mannes ist eher spartanisch eingerichtet. Es deutet nur an, welchen Reichtum es „im Laden" zu entdecken gibt. Und genau diesen Reichtum möchte ich mit diesem Buch vorstellen.

Tobias Merckle hat ganz feine Antennen für die riesengroßen Probleme der Menschen im Strafvollzug. Und genauso auch für andere Außenseiter der Gesellschaft, die dringend Hilfe brauchen. Ihm ist sonnenklar: Solche Menschen einfach auszugrenzen oder wegzusperren, löst keine Probleme. Weder für die Gefangenen. Noch für die Gesellschaft, die vor ihnen geschützt werden soll. Denn Gefängnisse sorgen nicht für eine Verbesserung der Lage, nicht für eine Weiterentwicklung der Persönlichkeit. Im Gegenteil: Sie sind oft eine „Schule des Verbrechens". Viele kriminelle Karrieren beginnen ausgerechnet im Jugendgefängnis.

Selbst in Deutschland ist das so. Obwohl sich hier doch viele engagierte Gefängnismitarbeiter für die Inhaftierten einsetzen und ihnen im Bereich Ausbildung und Schule viele Angebote machen. Die „Subkultur" aber – die negative Gemeinschaftskultur vieler junger Häftlinge – zerstört oft alles wieder, was Anstaltsleitung, Psychologen und andere Mitarbeiter aufzubauen versuchen. Ein Gefängnis ist eben nicht der ideale Ort, um Menschen Verantwortung beizubringen und sie auf ein Leben ohne Straftaten vorzubereiten.

Tobias Merckle will und kann das nicht hinnehmen. Auf erstaunliche Weise empfindet er ein Gefühl der Liebe für die Gefangenen. Er liest den Hinweis durch den Propheten Hesekiel auf den besonderen Auftrag für die halsstarrigen und verhärteten Köpfe. Und erlebt schließlich die Bestätigung durch den Petrusbrief: Das ist *deine* Berufung.

Für Tobias ist danach vollkommen eindeutig klar: Ich bin gemeint.

Danach ist nichts mehr, wie es vorher war. Äußerlich ändert sich zwar erst einmal gar nichts – Tobias Merckle arbeitet weiterhin als Helfer in der Drogentherapie bei *Teen Challenge* mit. Drei Monate später endet seine Dienstzeit dort. Er besucht eine spezielle Silvesterfeier von *Teen Challenge*, bei der an die sechshundert Männer zusammenkommen. Einige von ihnen erzählen aus ihrem Leben. Erschütternd, wie sie durch Alkohol oder Drogen auf die schiefe Bahn gerieten, alles verloren, auf der Straße landeten. Ein ehemaliger Abhängiger berichtet von seinem absoluten Tiefpunkt. Dass er sich selbst mit einer abgesägten Schrotflinte umbringen wollte. Wie er im letzten Moment gefunden wurde, mit schweren inneren Verletzungen und in einer Lache von Blut. Ärzte konnten ihm helfen. Sein Leben retten. Anschließend landet der Junkie bei *Teen Challenge*. Und feiert jetzt zum ersten Mal in seinem Leben einen Silvesterabend voller Hoffnung für das nächste Jahr.

Tobias Merckle hört zu und staunt. Die Lektion dieses Abends passt für ihn genau zu seiner Berufung, die er ein Vierteljahr vorher erlebt hat: „Gott gibt jedem Menschen eine Chance".

Von jetzt an will er seinen Beitrag dazu leisten, dass viele Menschen das erleben können.

3.

Die Last der Vergangenheit –
Peter

Diese Nacht wird Peter nie mehr vergessen. Der große Fehler, den er gemacht hat, wird ihn beschäftigen bis ans Ende seines Lebens. Auch dann noch, wenn er seine Haftstrafe abgesessen hat und wieder ein freier Mann ist. Denn Peter trägt Verantwortung dafür, dass ein junger Mensch wie er jene Nacht im Jahr 2017 nicht überlebt hat. Und das kam so:

Zum Sommerfest trifft sich die gesamte Jugend des Dorfes, in dem Peter lebt. Peter ist gerade fertig mit der Schule. Hat die Fachhochschulreife in der Tasche. Hat begonnen mit einem Bundesfreiwilligenjahr in einem Krankenhaus. Will sich anschließend zum Kinderpfleger ausbilden lassen. Kriminell ist Peter nicht. Aufgewachsen ist er in geordneten Verhältnissen. Aber er säuft. Nicht regelmäßig. Aber wenn, dann maßlos. Leider.

Genau das hat er auch beim Sommerfest vor. Deswegen hat er sein Auto sicherheitshalber bei einem Freund abgestellt. Dort will er übernachten. Und erst am nächsten Morgen weiterfahren.

Doch dann bitten ihn irgendwelche Bekannten, sie nachts noch heimzubringen – obwohl er sturzbetrunken ist. „Damals war ich nicht willensstark", erinnert sich Peter (der für dieses Buch einen anderen Namen gewählt hat).

Was genau geschehen ist? Er weiß es nicht mehr. Hat nur noch Bruchstücke der verhängnisvollen Nacht im Kopf. Er muss die flüchtigen Bekannten ins Auto geladen haben. Losgefahren sein. Und dabei dann einen Jugendlichen übersehen haben, der einfach so auf der Straße lag. Vermutlich ebenfalls schwer alkoholisiert.

Peter überrollt ihn. Realisiert nicht, was er tut. Und fährt weiter. Gegen halb vier Uhr morgens landet er im Bett. Nur neunzig Minuten später weckt ihn die Polizei. Peter, sein Bruder und auch seine Schwester werden mit zur Wache genommen und verhört. Sie erfahren: Der Jugendliche ist an den Folgen des Unfalls gestorben.

Peter ahnt, dass sein Leben von nun an einen anderen Verlauf nehmen wird als geplant.

Peter wird zu drei Jahren Jugendhaft verurteilt, u. a. wegen fahrlässiger Tötung und Fahrerflucht. Zwei Monate lang durchlebt er den monotonen Alltag im Jugendknast Adelsheim. Dann landet er im Seehaus – einer alternativen Form von Jugendgefängnis.

Von der Ankunft im *Seehaus* an bemerkt Peter: Hier weht ein vollkommen anderer Wind. Hier werden junge Straftäter nicht weggesperrt, nicht abgeschoben, nicht sich selbst überlassen. Hier werden sie als Menschen ernst genommen.

Und hier werden sie von Anfang an auf den Tag ihrer Entlassung vorbereitet. Hier müssen sie sich an einen sehr streng geregelten Tagesablauf gewöhnen. Müssen eine ganze Fülle von festen Regeln einhalten. Sind sie von frühmorgens bis spätabends unter Beobachtung. Müssen beim Sport mitmachen, müssen lernen, müssen arbeiten. Müssen sich daran gewöhnen, angemessen und höflich miteinander zu sprechen. Müssen auf Kraftausdrücke und Gewalt verzichten. Zusammenarbeiten statt gegeneinander zu kämpfen.

Und nur wer all das begreift und sich entsprechend verhält,

kann sich kleine „Erleichterungen" verdienen – er darf zu fest-
gelegten Zeiten rauchen. Mit der Freundin telefonieren. Später
einen Besuch zu Hause machen.

Wer sich im *Seehaus* auf die Welt „draußen" vorbereiten
will, der dient sich gewissermaßen hoch in einer Hierarchie
mit jeweils festgeschriebenen Regeln und Erleichterungen.

Im *Seehaus* – das hat Peter schon in Adelsheim erfahren –
sind nur Freiwillige. Freiwillige wie er, der ganz bewusst hierher wollte. Jugendliche Straftäter, die niemanden umgebracht
haben und auch kein Sexualdelikt begangen haben. Die aus
dem Jugendgefängnis heraus mit eigener Hand einen Antrag
schreiben und abschicken mussten: Ich will meine Haftstrafe unter den harten Bedingungen des *Seehauses* angehen, statt
sie im Gefängnis nur „abzusitzen". Ich will es lernen, aus dem
Kreislauf der Kriminalität auszusteigen.

Peter ist vom Elternhaus her Disziplin und Arbeit gewöhnt.
Und so kommt er schnell zurecht mit den Regeln in der für ihn
noch vollkommen fremden *Seehaus*-Welt. Schon im Jugendgefängnis in Adelsheim hat er die sogenannten „zwölf Grund-
lagen" auswendig gelernt. Die Fundamente, die dafür sorgen,
dass das Zusammenleben im *Seehaus* gelingt. Wer sich regelmäßig nicht an diese „Grundnormen" hält, muss zurück ins
Gefängnis. Wer sie akzeptiert, verinnerlicht und einübt, der
kriegt die Chance, immer mehr kleine Freiheiten und Erleichterungen zu genießen.

Einige der Regeln scheinen genau zugeschnitten zu sein auf
Peter und das Verbrechen, das ihn hierhergebracht hat:

„Grundnorm 1: Wir verletzen niemanden –
weder durch Worte noch durch Taten.

Grundnorm 5: Wir übernehmen Verantwortung für
uns selbst, andere und das *Seehaus* Leonberg.

Grundnorm 6: Wir werden nichts tun, das uns selbst
oder das *Seehaus* Leonberg in ein schlechtes Licht
rückt.

Grundnorm 8: Wir nehmen keine
berauschenden Substanzen ein.

Grundnorm 11: Wir akzeptieren
Konfrontation und Kritik."

Peter begreift schnell: Was das Bürgerliche Gesetzbuch für die
deutsche Gesellschaft und die „Zehn Gebote" für das Leben
eines Christen sind – das sind die zwölf Grundnormen im *Seehaus*-Alltag.

Auf diese Vorgaben und auch das stramme Trainingsprogramm will er sich einlassen. Leidenschaftlich. Engagiert.
Ohne Wenn und Aber. Er wird dankbar, dass seine Eltern ihm
klare Regeln und Ordnungen vorgelebt und beigebracht haben
und er sich so relativ leicht ins streng geordnete *Seehaus*-Leben
einfindet.

Vom ersten Tag an akzeptiert Peter diese Grundnormen. Und
all die konkreten Anordnungen für seinen Tagesablauf, die
daraus folgen. Stunde für Stunde, Tag für Tag arbeitet Peter
sich so langsam, aber stetig hoch. Vom „Neuling" wird er bald
zum „Leo-Anwärter". Und von dieser Stufe aus weiter bis zum
„Löwen" und zum „Löwen-Plus". Je mehr er sich bewährt oder

je höher die Hierarchie-Stufe, desto mehr Freiheiten: Freiheiten wie Besuche zu Hause, Ausgang, eigenes Handy, Freizeit zum Telefonieren, Besuch im Sportverein usw.

Bewähren und damit hochdienen kann Peter sich dadurch, dass er aktiv mitmacht. Pünktlich zum Joggen und zur Arbeit erscheint. Zuverlässig ist. Freundlich. Ordentlich. Motiviert. Beherrscht.

Lauter Herausforderungen, die Peter gut bewältigt.

Dreimal wird er sogar mit dem begehrten und selten verliehenen „Sozialpreis" geehrt. Unter anderem dafür, dass er für einen Tag ins damals neu eröffnete *Seehaus* in Sachsen fährt und den Jugendlichen dort aus seiner Erfahrung heraus ins Gewissen redet. Noch einmal geehrt wird Peter, weil er sich rührend um frisch geborene Lämmer im Tierkindergarten des *Seehauses* kümmert und sie regelmäßig füttert – zuverlässig alle zwei Stunden. Und zwar rund um die Uhr.

Peter hat eine Menge gelernt im *Seehaus*. Er fühlt sich gut vorbereitet auf das Leben „draußen": „Ich freue mich, dass ich bald wieder nach Hause darf", erzählt er mir wenige Tage vor seiner Entlassung.

Im *Seehaus* hat er das erste Lehrjahr als Zimmermann gut abgeschlossen. Bei einem Handwerksbetrieb im Ort, aus dem er stammt, kann er dadurch gleich im zweiten Lehrjahr einsteigen. Sich dort bewähren. Und dann auch übernommen werden. Seine Familie steht zu ihm – durch dick und dünn. Auf ihre Unterstützung kann er sich verlassen.

Trotzdem hat Peter auch ein wenig Angst vor dem Schritt nach „draußen".

Zum einen, weil er nach seiner Verurteilung aufgelaufene hohe Schulden abtragen muss. Schulden von etlichen Tausend Euro.

Zum anderen, weil es zu einem Gespräch kommen soll zwischen den Hinterbliebenen des Opfers und ihm. Ein Gespräch, zu dem er wirklich bereit ist, vor dem er aber noch Angst hat. „Das Leben im Gefängnis war furchtbar", erzählt Peter mir. „Aber viel schlimmer ist es für mich, diese Verantwortung tragen zu müssen, dass ich am Tod dieses Jungen schuld bin."

Diese Schuld bedrückt Peter sehr. Er schämt sich für sein Verhalten in der folgenschweren Alkoholnacht. Er leidet darunter, das Leben eines unschuldigen jungen Menschen zerstört zu haben.

Zu Hause in seiner alten Heimat hat Peter die christliche Botschaft von Schuld und Vergebung gehört. Er ist getauft und konfirmiert worden. Der Glaube an Gott bedeutet ihm viel, schon vor seiner Zeit im *Seehaus*. Auch wenn er ihn nicht „offen vor sich herträgt", wie er mir erklärt. In den schlimmsten Tagen im Gefängnis aber habe er gebetet. Das habe geholfen.

Jetzt im *Seehaus* besucht er regelmäßig den Gottesdienst. Dass er Christ ist, trage er nicht demonstrativ vor sich her, bekennt Peter. Aber sein Glaube bedeutet ihm viel. Theoretisch weiß er, dass Jesus ihm die schwere Schuld vergeben hat, die er so bitter bereut. Doch bisher – so scheint mir – kann Peter sich selbst nicht wirklich vergeben, was er getan hat. Und auch sein Glaube an den liebevollen, Vergebung anbietenden Jesus hilft Peter dabei nicht. Noch nicht.

4.

Jorge und die Party im Himmel –

Granada auf dem Weg zu einem „Dorf der Versöhnung"

Zehn Jahre Haft ohne Bewährung. Zehn harte Jahre für einen, der über Leichen gegangen ist. Zehn Jahre für einen, der einmal Polizist wurde, um seiner Gesellschaft etwas Gutes zu tun. Der dann aber abrutschte, immer mehr von Rache und Hass angetrieben war, und am Ende Gewalt nur mit immer neuer Gewalt bekämpfte.

Jorge Enrique Rivera Anzola, ein stabil gebauter Mann mit kahlem, wuchtigem Schädel, zweiundfünfzig Jahre alt. In einem schlichten Büroraum in Medellín in Kolumbien sitzt er mir gegenüber. Konzentriert, mit langsam fließenden Sätzen erzählt er mir seine Lebensgeschichte. Beantwortet meine Fragen. Und lässt dabei nichts aus. Erstaunlich zurückhaltend, ja schüchtern wirkt er. Scheint sich nicht ganz wohl dabei zu fühlen, dass er im Mittelpunkt des Gesprächs steht. Dass ich mich für ihn und seine brutalen Jahre interessiere.

Geboren und aufgewachsen ist Jorge in Cali, einer kolumbianischen Stadt, die schon lange für Drogen, Gewalt und Kriminalität bekannt ist.

Warum sich sein wunderschönes Heimatland Kolumbien denn nicht besser schützen könne gegen diese drei Seuchen, frage ich ihn, warum es diese traurige Berühmtheit bekommen habe?

Natürlich kenne ich einige mögliche Antworten: die Militärdiktatur. Der jahrzehntelange Bürgerkrieg. Die Missachtung der Menschenrechte. Die Gewalt von Guerilleros, von Paramilitärs, von Drogenbossen. So könnte ich weiter aufzählen und nach Erklärungen suchen. Und vermutlich wäre jede Antwort irgendwie richtig. Doch keine würde mir auch nur annähernd erklären können, wie ausgerechnet das fröhliche und farbenprächtige Kolumbien zu einer Brutstätte von Hass und Gewalt werden konnte.

Jorges Antwort auf meine Frage aber hätte ich nicht erwartet. Sie besteht nur aus einem Namen: Pablo Escobar. Dieser Pablo Escobar habe die Menschen und die Gesellschaft regelrecht vergiftet, macht Jorge mir klar.

Pablo Escobar – ein Drogenboss, ein Schmuggler, ein Terrorist. Der Gründer und Kopf des berüchtigten „Medellín-Kartells". Ohne jeden Skrupel und mit hoher Brutalität nahm Escobar sich das, was er wollte. Dem Volk gegenüber spielte er sich als Wohltäter auf. Ließ Sportplätze bauen und verteilte auch sonst Geschenke an die einfachen Leute.

Aber letztlich verfolgte er nur ein Ziel: noch mehr Geld zu verdienen. Ohne Rücksicht auf Verluste ging Escobar vor … und wurde dabei zum mächtigsten, am meisten gefürchteten Drogenboss des Landes. Und zu einem der reichsten Menschen der Welt.

Das alles ist fast drei Jahrzehnte her; Escobar starb 1993 unter mysteriösen Umständen. Doch Escobars brutale Erfolgs-Strategie wirke bis heute nach, erklärt Jorge. Mit seinen Methoden habe Escobar die kolumbianische Gesellschaft „wie mit einer Krankheit angesteckt": Viele Kolumbianer sehen seitdem einen anderen Menschen nicht mehr als Persönlichkeit an, sondern als Verdienstmöglichkeit. Als Sache. Als etwas, das sie für ihre Zwecke nutzen könnten. Die alten Werte gelten nichts mehr. Oder sie gelten nicht mehr viel. Nur Geld, Besitz, Macht zählen.

Dagegen will Jorge schon in den Neunzigerjahren als junger Mann kämpfen. Deshalb möchte er als Polizist für Recht und Gerechtigkeit sorgen. Und dafür, dass die alten Werte wieder Gültigkeit bekommen.

Doch er lernt schnell: Die kolumbianische Polizei ist in dieser Hinsicht kaum besser als die Drogenbarone, die sie bekämpft. Manche Beamte lassen sich von den Drogenkartellen bestechen und arbeiten ihnen zu. Andere Polizisten, die treu zu Recht und Gesetz stehen, landen auf der Todesliste von Pablo Escobar. Und werden dann von Escobars Killern regelrecht hingerichtet. Mehr als einhundert Kollegen und Freunde habe er damals auf diese Weise verloren, berichtet Jorge mir mit leiser Stimme. Er will mir damit erklären, warum er damals selbst immer brutaler wurde.

Schritt für Schritt entwickelt Jorge einen fürchterlichen Hass auf die „andere Seite": auf all die bezahlten Killer, die Helfer und Helfershelfer der Drogenmafia. Immer brutaler geht er gegen sie vor. Bricht irgendwann alle Regeln und Vorschriften. Übt wie besinnungslos Rache. So heftig und so skrupellos, dass er schließlich eine Menge Menschen auf dem Gewissen hat – und dafür vor Gericht gestellt wird.

Ausführlicher erzählen will Jorge mir nicht von dieser schlimmen Phase seines Lebens. Deutlich leichter fällt ihm dagegen das Reden, als wir auf seine Zeit im Gefängnis zu sprechen kommen.

1994 wird er eingesperrt in das berüchtigte Gefängnis „Bellavista" in Medellín. Dort sitzt er in einem speziellen Block zusammen mit anderen straffällig gewordenen Kollegen von der Polizei ein. Kaum ist er eingeliefert worden, spricht ihn ein Besucher an. Jorge hat diesen Mann noch nie gesehen. Er erfährt: Der Besucher will Jorge und seinen Mitinsassen die gute Nachricht von Jesus Christus nahebringen. Er spricht davon, dass Christen ihre Schuld vor Gott bereinigen können. Und innerlich Frieden finden. Dass sie Versöhnung erleben und weitergeben können.

Gedanken, die Jorge so noch nie gehört hat. Genauer erklärt sie ihm ein gewisser Lácides Hernández. Immer wieder besucht dieser Lácides Jorge im Block der Polizisten. Immer wieder predigt er die gute Nachricht vom Neuanfang, der durch Jesus Christus möglich wird.

Jorge ist tief bewegt. Er entscheidet sich, Christ zu werden.

Das bedeutet für ihn zuallererst: Er will der Gewalt abschwören. Den Rachegedanken. Dem Hass. Jorge wagt erste Schritte auf einem langen, anstrengenden Weg.

Seine Mithäftlinge und Ex-Kollegen sind verblüfft: ausgerechnet Jorge, der ihnen früher durch seinen „Mut" und seine Durchsetzungsfähigkeit fragwürdiges Vorbild war. Ausgerechnet dieser Jorge gibt jetzt den Friedensapostel. Und das unter den ausgesprochen schwierigen Bedingungen eines berüchtigten Gefängnisses mit Tausenden von Häftlingen.

Zehn Jahre lang kann Jorge im Gefängnis nun sein neues Leben einüben. Zehn Jahre, nach denen nichts mehr ist, wie es war. Als er seine Strafe abgesessen hat, beginnt er zu studieren: Theologie und Psychologie. Wenn er fragende Blicke sieht oder direkt angegriffen wird wegen seiner Vergangenheit, dann zieht er sich zurück. „Ich versteckte mich damals hinter der Bibel", sagt Jorge mir. Und lächelt.

Heute arbeitet der Ex-Polizist und Ex-Sträfling hauptberuflich als „Versöhner". Er ist angestellt beim kolumbianischen Zweig von *Prison Fellowship*, bei der „Confraternitad Carcelaria de Colombia". Hier ist Jorge verantwortlich für die sogenannten „Dörfer der Versöhnung", bei denen sich zum Beispiel frühere Guerilleros und ihre einstigen Opfer kennenlernen, sich in die Augen sehen, erklären und zu verstehen versuchen – und um Vergebung bitten und Vergebung gewähren. Und in denen sie dann oft gemeinsam zupacken, um etwas gutes Neues aufzubauen: eine Schule etwa oder einen Sportplatz für die Dorfgemeinschaft.

Eine Handvoll solcher „Dörfer der Versöhnung" haben bereits Friedensbrücken gebaut, berichtet Jorge mir. Fünf weitere Projekte unter seiner Leitung laufen gerade. Und natürlich will ich wenigstens eins davon kennenlernen.

Und so fahren wir gemeinsam nach Granada.

Nicht in die spanische Hauptstadt Andalusiens, sondern in einen kleinen kolumbianischen Ort hinter den Bergen, bei den sieben Zwergen. Mit zwei Pkws sind Jorge und einige seiner Mitarbeiter mit mir zusammen unterwegs. Tobias Merckle, der von Deutschland aus die Entstehung der „Dörfer der Versöhnung" begleitet und unterstützt, hat sich auch auf den Weg gemacht. Er hat sich allerdings von einem einheimischen Mitarbeiter ein Motorrad ausgeliehen und „fliegt" uns voraus.

Von Medellín brauchen wir knapp zwei Autostunden bis Granada – erst über eine Art Autobahn, dann links ab über eine Schotterpiste, durch unzählige Schlaglöcher hindurch. Wir ziehen an verschlafenen Tälern und sanften Hügeln vorbei. Landen schließlich in einem Ort zwischen grünen Hügeln. Ein kleines Städtchen oder ein großes Dorf? Ich kann mich nicht recht entscheiden.

Während das spanische Granada weltberühmt und voller architektonischer Kostbarkeiten ist, genießt der kolumbianische Namensvetter höchstens traurige Berühmtheit. Genau hier in diesem beschaulichen Kaff ist in den kriegerischen Jahren nach der Jahrtausendwende unendlich viel Blut geflossen. Und genau hier geschieht heute, fast zwei Jahrzehnte später, Schritt für Schritt Versöhnung.

Jorge steuert unseren Wagen auf den Marktplatz. Eine leicht überdimensioniert wirkende Kathedrale in apartem Rot-Weiß beherrscht die Szene. Jorge zeigt mir unser Ziel. Von der Kirche aus wandern meine Augen nach rechts, der Häuserfassade entlang, immer leicht schräg nach unten. Dort steht über einer kleinen Tür: „La sala de nunca mas" – das „Wohnzimmer des Nie-wieder" also. Ich bin gespannt. Tobias Merckle jedenfalls ist schon vor uns angekommen. Er steigt vom Motorrad ab, streckt seine Glieder und scheint – wie ich – gespannt auf das, was Jorge uns hier zeigen wird.

Schon vor der Tür erwarten uns einige ältere Herrschaften. Sie umarmen Jorge und sein Team herzlich. Begrüßen Tobias und auch mich mit viel Respekt und Aufmerksamkeit. Offensichtlich freut man sich über Besuch und Interesse.

Dann betreten wir das besondere „Wohnzimmer" – und landen in einem kleinen Museum, das an Massaker erinnert. An eine ganze Reihe von Massakern. An – so erfahre ich gleich zum Einstieg – rund dreitausend Tote. Und an mehr als sechshundert Menschen, die auf Nimmerwiedersehen verschwunden sind.

Stopp, noch mal ganz langsam, das ging mir jetzt zu schnell.

Zuhören und die Fakten sortieren bzw. noch mal nachfragen.

Ich höre und bin entsetzt: Knapp neunzehntausend Menschen lebten um das Jahr 2000 in Granada und den Dörfern drumherum. Weil ihr Dorf strategisch günstig lag, stritten sich

Paramilitärs und FARC-Guerilleros darum. Beide Seiten bedrohten die Bevölkerung. Töteten. Legten Bomben. Vergewaltigten. Und vertrieben innerhalb weniger Jahre praktisch alles, was laufen konnte, aus der Heimat.

Das kleine Museum, in dem ich all das erfahre, will die Erinnerung an die Schrecken wachhalten, will erinnern an die Menschen, die ihr Leben verloren haben. An der wichtigsten Wand, gleich gegenüber des Eingangs, hängen genau dreihundertachtundzwanzig Porträtfotos. Etwa ein Zehntel aller Opfer sind hier verewigt.

Gloria, eine Bäuerin um die fünfzig, zeigt mir vier der Bilder an der Wand und stellt vor: „Mein Vater. Mein Ehemann. Meine beiden Söhne. Alle tot."

Und dann bittet sie mich noch, ein Foto von ihr zu machen – mit den Bildern ihrer Verwandten. „Unser Leid darf nicht vergessen werden", sagt sie.

Auch Barbara hat hier einen Ort des Erinnerns gefunden. Sie ist Mitte sechzig, sehr schlank, unkonventionell in auffälligem Lila gekleidet, trägt jede Menge Spangen, Schleifchen, Ketten. Und wirkt insgesamt wie ein Relikt aus Hippiezeiten.

„Komm mit!", bedeutet Barbara mir. Und führt mich zu einer dunklen Scheibe, die von hinten wie mit einer Ascheschicht belegt scheint. Ganz schwach spiegeln sich unsere Gesichter in der Scheibe. Und Barbara erklärt mir: „Hierher komme ich, um an meine Schwester zu denken. Sie wurde damals missbraucht. Totgeschlagen. Und dann in irgendeinem Loch verscharrt."

Es fällt mir schwer zu atmen und mir Notizen zu machen angesichts solch erschütternder Berichte.

Handgeschriebene Tagebücher werden mir gezeigt, in denen Hinterbliebene ihre Erinnerungen an Mutter, Vater, Geschwister oder Freunde festhalten. Die Reste einer Autobombe, die damals Menschen in den Tod riss. Ein paar wenige persönliche Gegenstände, die an Nachbarn erinnern, die spurlos verschwunden sind.

„Einige Einwohner von Granada, die damals Kinder waren, können ihre Eltern nur noch hier treffen", erklärt Gloria mir. „Mancher kommt regelmäßig hierher und schreibt ab und zu einen Brief an seinen Papa, der damals erschossen wurde."

Auch wenn der Erinnerungsraum geräumig und hell ist – ich spüre den schweren Schatten, der hier über allem liegt. Und bin richtig erleichtert darüber, dass eine ältere Dame ihren etwa drei Jahre alten lebhaften Enkelsohn dabeihat. Der krabbelt mal zwischen ihren Beinen herum, spielt dann mit einem kleinen Plastikauto und fordert schließlich ein Eis. Junges Leben mittendrin in der Erinnerung an den Tod.

Wie können Jorge und seine Organisation hier helfen? Wie könnte aus Granada Stück für Stück ein „Dorf der Versöhnung" werden? Was genau ist das überhaupt, so ein „Dorf der Versöhnung"?

Ich lerne von Tobias und von Jorge: Die „Dörfer der Versöhnung" gehören zu den wichtigsten Projekten des Mannes, dessen Besuche im Gefängnis die Lebenswende Jorges vorbereiteten: Lácides Hernández Alvarez, Theologe, Sozialunternehmer, Menschenrechtler. Lácides ist Direktor der „Confraternidad Castelaria de Columbia", des kolumbianischen Zweigs der internationalen Gefangenenhilfsorganisation *Prison Fellowship*. Gewissermaßen also der „Tobias Merckle" Kolumbiens. Und ein ganz enger Freund des aktiven Schwaben.

„Unsere Gesellschaft in Kolumbien hat in den letzten Jahrzehnten so viel Gewalt erlebt", bestätigt mir Lácides bei anderer Gelegenheit. „Mit brutaler Härte haben die Drogenbosse ganz neue ‚Werte‘ eingeführt, die sich in der Bevölkerung weit-verbreitet haben: Alles dreht sich nur darum, möglichst schnell Geld zu machen. Auf Menschenleben wird keine Rücksicht genommen. Hauptsache, ich bekomme, was ich will.“

Die „Dörfer der Versöhnung“ sind ein Gegenentwurf dazu: Hier begegnen sich Opfer und Täter von Gewalttaten auf Augenhöhe. Von Mensch zu Mensch. Begleitet von speziell ausgebildeten Fachleuten. Hier können sie das Schlimme ausspre-chen, was sie erlebt haben. Manchmal weinen sie zusammen. Oft nehmen sie sich in den Arm. Täter bitten um Vergebung. Opfer vergeben.

„Viele Kolumbianer sind es müde, immer nur Gewalt auf Gewalt und Rache auf Rache zu erleben“, meint Lácides. „Sie sehnen sich nach Versöhnung – und unser Programm kann ihnen dabei Hilfe anbieten. Wir versuchen gerade dort zu helfen, wo besonders schlimme Verbrechen begangen worden sind.“

Wie zum Beispiel in Granada.

Ich versuche, das Leid und den Schmerz auch nur annä-hernd zu ermessen, die diese Frauen und ihre Familien seit neunzehn Jahren mit sich herumtragen. Und die genauso auch jeden anderen der zurückgekehrten Bewohner von Granada belasten. Niemand hier hat nicht einen oder mehrere Fami-lienangehörige verloren. Jeder kennt die tragischen Geschich-ten von Gewalt, Vertreibung und mühseliger Rückkehr in die inzwischen ausgeplünderte Heimat.

Plötzlich gibt es Streit, für mich vollkommen unerwartet, aus heiterem Himmel. Claudia, eine Frau um die vierzig, die damals ihren Neffen verloren hat, ergießt einen Schwall von Anklagen über Jorge. Er habe doch schon viel früher kommen und sich um die Frauen kümmern wollen. Er müsse doch drin-gend etwas tun gegen das technische Problem in einem Raum des Museums, wo eine Wand feucht geworden ist. Er müsse …, er solle …, er könne doch nicht …

Ich stehe wie erstarrt. Was soll diese Beschimpfung? Jorge steht da, hört Claudia geduldig zu und rührt sich nicht. Fünf Minuten lang. Zehn Minuten lang. Zwanzig Minuten lang. Eine gefühlte Ewigkeit.

Endlich hat Claudia ihr Pulver verschossen. Sie beendet ihren giftigen Monolog. Die anderen Frauen reden beruhigend auf sie ein.

Wie wird Jorge reagieren? Ich kann den Mann nur von Herzen bewundern: In aller Ruhe und mit großer Sachlichkeit antwortet er Claudia und sieht ihr dabei in die Augen. Weist sie auf Dinge hin, die sie falsch oder nicht ganz korrekt wiedergegeben hat. Erinnert sie an die vielen Absprachen, die er und seine Organisation eingehalten haben. An die unzähligen Male, die er schon sie und die anderen Frauen besucht hat. Spricht mit ihr darüber, dass er tatsächlich hätte schon viel früher kommen wollen. Dass aber schlicht und einfach kein Geld für die Fahrtkosten im Budget von *Prison Fellowship* vorhanden gewesen sei.

In aller Form entschuldigt er sich dafür und begründet, warum er an diesem einen Punkt seine Zuverlässigkeit nicht habe unter Beweis stellen können.

Und dann erinnert er die keifende Claudia daran, dass es ja eine ganze Reihe von Organisationen gebe, die die Opfer in Granada bereits unterstützt hätten. Dass aber keine andere diesen besonderen Auftrag verfolge, den *Prison Fellowship* und er selbst sich auf die Fahne geschrieben hätten: Versöhnung.

Claudia hört genau zu. Mit jeder Minute, die verstreicht, wird sie stiller. Die anderen Frauen um sie herum nicken, bestätigen Jorges Worte. Manche lächelt ihm aufmunternd zu. Ja, Jorge und sein Team haben in schier unglaublicher Geduld ihr Leid geteilt und ihre traurigen Lebensgeschichten angehört. Ja, er hat wieder und wieder mit ihnen über die verheerende Wirkung von Bitterkeit und Hass gesprochen. Ja, er hat ihnen die bittere Wahrheit deutlich gemacht, dass in diesem Konflikt jeder ein Opfer ist.

Jede und jeder: die ehemaligen Guerillakämpferinnen und -kämpfer, die oft schon als Kinder zwangsrekrutiert und dann regelrecht zu Killern abgerichtet wurden. Und die Paramilitärs, denen es oft ähnlich erging.

Viele Familien hier in der Gegend seien in sich zerrissen, auch das machte Jorge ihnen klar. Ein Onkel kämpfte bei den Paramilitärs und richtete mit denen schlimmes Unrecht an. Seine eigene Nichte aber schloss sich – mehr oder weniger freiwillig – der Guerilla an, kämpfte und mordete mit ihren Compañeros dort. Ein solcher Riss geht bis heute quer durch viele Familien.

So spricht Jorge mit seiner warmen, sanften Stimme. Ruhig, sicher, klar. Die Stimmung im Erinnerungsmuseum, die vorhin noch so explosiv war, verändert sich spürbar. Wandelt sich zum Guten hin. Jorge hat mit seiner wertschätzenden Art die Ohren und die Herzen der Frauen gewonnen.

Ich spüre, jetzt kann er mit seiner eigentlichen Botschaft herauskommen: Er erinnert daran, wie sich einige der Frauen nach langer Vorbereitung mit einem der früheren Paramilitär-Kommandanten getroffen haben. Wie sie miteinander gesprochen und einander die Hand gegeben haben. Wie sie Schmerzen aussprechen und Vergebung zusprechen konnten. Jorge wird ganz konkret: „Wisst ihr noch, wie der Mann zuerst immer sagte: ‚Ich habe nur meine Pflicht getan!'? Und wie er am Ende eingestand: ‚Es tut mir so leid.' Wisst ihr noch, wie dann die Tränen flossen? Bei dem ehemaligen Täter und bei euch Opfern?"

Gloria, die damals selbst die Hand des Kommandanten geschüttelt hat, stimmt zu. Sie kann gar nicht mehr aufhören zu nicken.

„Vergebung und Versöhnung sind heute wichtiger als jemals zuvor", erklärt sie in die Runde. „Ich hab mal in der Bibel gelesen: ‚Wer von euch keine Schuld hat, der soll den ersten Stein werfen' (Johannes 8,7b). Ich hab bei der Begegnung mit dem früheren Kommandanten begriffen, dass jeder hier ein Opfer ist und keiner völlig unschuldig. Wir alle hier wollen nichts als Frieden. Es darf keine neue Gewalt geben hier in Granada. Nie mehr. Nunca mas!"

Erstaunliche Worte einer erstaunlichen Frau. Barbara schließt sich ihr an:

„Viele von unseren Angreifern haben damals Verbrechen an uns begangen, um ihre eigenen Familien zu retten. Erst in den Gesprächen mit den Tätern habe ich das verstanden. Und seitdem kann ich sagen: Ich vergebe euch. Meine Gefühle sind noch immer ganz frisch, ganz lebendig. Ich spüre noch den Schmerz und die Wut. Aber ich weiß doch auch: Das Wunder der Vergebung macht mich frei."

Barbara macht eine Pause, schließt die Augen, denkt offensichtlich nach. Dann fährt sie fort: „Besonders schwer war es, auch mir selbst zu vergeben. All den Hass, all den Zorn, all die Rachegedanken.

Gott sagt ja mal: Wenn ein einziger Mensch bereut und umgekehrt, dann wird im Himmel eine Party gefeiert (Lukas 15,7). Wisst ihr, ich glaube: Im Himmel wird oft gefeiert, wenn sie dort an Granada denken. Viele von uns kehren um. Wir haben hier gemeinsam einen Weg der Versöhnung gefunden. Und wir gehen ihn weiter, jeden Tag. Die Party da oben soll kein Ende haben!"

Barbara lacht und freut sich über die Zustimmung aus der Runde. Dann schweigt sie und sieht mich eindringlich an. Ihre Worte haben mich sehr berührt. Ohne weiter nachzudenken frage ich die mir vollkommen fremde Frau: „Darf ich dich in den Arm nehmen?"

„Komm her!", antwortet sie. Macht drei Schritte auf mich zu. Und reckt sich hoch zu mir, denn sie ist mehr als einen Kopf kleiner als ich.

Dann drückt Barbara mich. Und drückt und drückt. Und will mich gar nicht mehr loslassen.

Aus dem Augenwinkel nehme ich wahr, was um uns herum geschieht: Andere Frauen nehmen Jorge in den Arm. Und Tobias Merckle. Und sich gegenseitig. Auch Claudia macht mit. Umarmt Mitglieder von Jorges Team. Und dann mich. Und ihn …

„So ist Versöhnung", hat mein Liedermacherkollege und Freund Jürgen Werth vor Jahren mal gedichtet. Wäre er dabei heute in Granada, würden ihm vielleicht weitere Strophen zu seinem wertvollen Lied einfallen.

Nach der intensiven Begegnung spazieren wir noch ein paar Meter mit den Frauen von Granada durch ihre Stadt. Sie führen uns zu einer kleinen Cafébar, in der sie die Gastgeberinnen sind. Unterstützt von anderen Hilfsorganisationen haben sie sich zu einer Kaffee-Kooperative zusammengeschlossen. Sie ernten, verarbeiten und verkaufen besten kolumbianischen Kaffee … und den probieren wir jetzt natürlich. Und genießen ihn. Dazu nasche ich verschiedene süße Leckereien, die Tobias für alle ausgibt. Er ist sich nicht zu schade, die Süßigkeiten nicht nur zu zahlen, sondern auch formvollendet zu servieren.

Alles, was wir genießen, haben die Frauen von Granada selbst hergestellt. Auch Honig, Öl, Seifen und manches mehr werden in ihrer Bar und einem kleinen benachbarten Laden angeboten. Eine Lebensgrundlage für die vielen Opfer, denen im Bürgerkrieg oft nicht nur die liebsten Menschen genommen wurden, sondern auch Arbeit und Verdienst. Ein gemeinsames Projekt, das in die Zukunft weist.

Ich sitze in der Cafébar zusammen mit Jorge, dem Ex-Polizisten und Ex-Häftling. Einst wollte er in seiner Gesellschaft etwas Gutes bewirken und ging deshalb zur Polizei. Jetzt gesteht er im Nachhinein: Damals bin ich auf der ganzen Linie gescheitert.

Auch heute will Jorge etwas verändern in der kolumbianischen Gesellschaft. Inzwischen erlebt er: In den meisten Fällen gelingt das tatsächlich. Gräben zwischen einstigen Feinden werden zugeschüttet. Vergebung und Versöhnung werden möglich. Aus alten Feinden werden neue Freunde. Hier in Granada. Und in einigen anderen Orten dieses geschundenen Landes.

Greifbare Veränderungen erlebt Jorge nicht nur in seinen Projekten, sondern auch in seinem direkten Umfeld, berichtet er mir begeistert, bei seinen früheren Kollegen, selbst in seiner Familie: Frieden ist möglich. Vergebung. Versöhnung.

Was ist denn heute so anders als damals in deinen jungen Jahren, will ich wissen. Jorge zögert keinen Augenblick mit der Antwort: „Es ist Jesus", antwortet der Mann und klingt dabei fröhlich wie ein Kind, das gerade einen Luftballon geschenkt bekommen hat. „Jesus hat mich verändert. Er steht mir bei meiner Arbeit für die Gesellschaft bei."

5.

Im Herzen viel Platz fürs *Seehaus* –

Familie Ludwig und ihre außergewöhnliche Vorgeschichte

Reizend, diese Ludwigs, finde ich: Mama Tanja. Papa Daniel. Dazu zwei süße Mädchen. Und eins, zwei, drei, vier fröhliche Jungen. Sechs Kinder zwischen zweieinhalb und zehn Jahren. Alles echte Ludwigs. Da haben sich wirklich kein Nachbarskind und keine Kindergarten-Freundin dazwischengeschmuggelt.

Ich schau mir das Urlaubsfoto noch mal an, das sie mir geschickt haben. Zähle durch. Und muss lächeln. Großfamilie Ludwig, wohnhaft im Süden Deutschlands, im Hinterland des Bodensees. Diese acht fröhlichen Menschen wirken ein bisschen wie ein Relikt aus alter Zeit: ein Stück heile Welt inmitten kranker Beziehungen, zerbrechender Ehen und zertrümmerter Familien.

Doch mein erster Eindruck täuscht: Tanja und Daniel sind alles andere als „aus der Zeit gefallen" oder weltfremd. Sie leben nicht im Mittelalter. Ihre Liebe bedeutete von Anfang an eine gewaltige Herausforderung. Es ist ein Wunder, dass sie sich kennengelernt und aufeinander eingelassen haben. Und dass sie gemeinsam diese großartige Familie gründen konnten. Denn die erste Begegnung der beiden geschah ausgerechnet in einer „Haftanstalt". Dort, wo rechtskräftig verurteile junge Verbrecher ihre Haftstrafe absitzen müssen. Im *Seehaus* in Leonberg – wo Tanja ein Praktikum im Rahmen ihres Sozial-pädagogik-Studiums absolvierte. Und Daniel seine Gefängnis-strafe absaß.

Schwer vorstellbar, dass der freundliche Daniel schon als Kind seine kriminelle Karriere startete. Er versucht es mir zu erklären und holt dabei weit aus. Dass sein Bruder (der im Rollstuhl saß), seine Schwester und er alleine bei der Mutter lebten. Dass die Mutter kaum zu Hause war. Dass sie sich nicht viel um ihre Kinder kümmerte. Dass sie ihren Job verlor. Trost im Alkohol suchte. Schwer krank wurde.

In der Folge schwänzt Daniel regelmäßig den Kindergarten. Und später die Schule. Zieht mit „Freunden" durch die Stra-ßen. Lernt schon sehr früh die Wirkung von Drogen kennen. Wird abhängig, erst von Haschisch, dann von Heroin. Bricht in der Folge immer mal wieder gültige Gesetze. Beginnt mit Drogen zu dealen. Einzubrechen. Zu stehlen. Diebesgut zu verkaufen. Gewalttätig zu werden. „Damals lebte ich in der Nacht und schlief am Tag", erinnert sich Daniel und klingt dabei, als würde er über einen anderen Menschen sprechen, um den er sich aus Barmherzigkeit heraus kümmern möchte.

Natürlich kommt ihm damals die Polizei auf die Schliche. Und so landet Daniel zum ersten Mal im Knast. Mit fünf-zehn. Die nächsten Jahre seines jugendlichen Lebens verbringt er abwechselnd mal drin, mal draußen, mal eingesperrt in Ge-fängnissen, dann wieder draußen im richtigen Leben. Wo er nur immer wieder neue Verbrechen begeht. Dann geschnappt wird. Und wieder weggesperrt.

Die Wende deutet sich 2005 an. Daniel ist damals gerade zwanzig. Ein Kumpel, den er im Knast kennengelernt hat, schreibt ihm. Berichtet ihm vom *Seehaus*. Empfiehlt ihm: Schau dir das doch mal an. Kannst ja immer noch zurück in den Knast. Was der Kumpel auch schreibt: Hier könntest du dein Leben verändern. Und vielleicht könntest du hier ja Gott kennenlernen.

Daniel stutzt. Über solche Fragen hat er noch nie nachgedacht. Doch ausprobieren kann man dieses *Seehaus* ja mal, überlegt er. Ein kleiner Gardinenwechsel könnte nicht schaden. Und nach zwei, drei Monaten dann könnte ich wieder zurück ins Gefängnis. Freiwillig.

Mit solchen Gedanken im Kopf zieht Daniel im *Seehaus* ein. Und kommt aus dem Staunen nicht mehr heraus. Alles so schön und hell hier! Kein Gitter vorm Fenster. Keine Mauern um die Jungs herum. Keine Beamten, die mit dem schweren Schlüsselbund herumklimpern, vom frühen Morgen bis in die späte Nacht hinein. Und Chancen, jede Menge Chancen. Die Chance, sich zu bewähren. Die Chance zu zeigen, was man draufhat. Die Chance, klare Grenzen kennenzulernen. Die Chance, etwas zu lernen und etwas zu leisten. Die Chance, gelobt und gefördert zu werden. Das *Seehaus* wird für Daniel so zum Haus der zweiten Chance.

Dabei entdeckt Daniel durchaus auch etliche „Schattenseiten" in seiner „neuen Heimat": Auf den morgendlichen Frühsport könnte er gut verzichten. Weil er starker Raucher ist, beschwert sich seine Lunge bei jedem Lauf.

Doch nach einigen Anfangsschwierigkeiten verinnerlicht Daniel bald den *Seehaus*-Ablauf und macht Punkt für Punkt mit: Aufstehen. Frühsport. Stille Zeit. Gemeinsames Frühstück. Anschließend Impulse, Gruppengespräche, Gottesdienstbesuche, Arbeit, Unterricht. Jede Minute ist verplant. Nur drei Raucherpausen am Tag – für Daniel ist das in dieser Phase seines Lebens eine extreme Zumutung.

„Das *Seehaus* war für mich in den ersten Wochen ein Ort, wo komische Menschen aufeinandertreffen", schmunzelt er in der Rückschau. „Lauter Typen, mit denen ich bisher nichts zu tun hatte. In meinem ganzen Leben bisher war ich vorher nur einmal in der Kirche – bei meiner Kommunion. Und jetzt erlebte ich hier ziemlich krasse Dinge: Die liebten doch tatsächlich Menschen, die sie gar nicht kannten. Ich spürte das genau, ich konnte es beobachten: Die liebten uns wirklich. Auch mich. Voll krass!"

Vier Wochen *Seehaus* hat Daniel schon hinter sich – da stößt Tanja zum Team. Die praktische Arbeit im *Seehaus* ist Teil ihres Sozialpädagogik-Studiums. Tanja ist drei Jahre älter als Daniel. Ihr Vater ist Polizist. Von Vorneherein ist vollkommen klar und festgeschrieben: Zwischen Mitarbeiterinnen und *Seehaus*-Jungs läuft nichts. Gar nichts. Alles strengstens verboten.

Schlechte Ausgangslage für die große Liebe also. Daniel interessiert sich trotzdem immer mehr für Tanja. „Ich hab erst gedacht, das wäre ein Testosteron-Überschuss, aber hab dann gemerkt, ich empfinde wirklich viel für sie", erzählt er mir fünfzehn Jahre später.

Tanja spürt, dass Daniel sie anhimmelt. Irgendwann spricht er es auch aus: „Ich hab mich in dich verliebt." Erst mal blockt Tanja total ab. Will nicht ran an diese „heiße Kiste". Als sie spürt, dass ihr wiederum Daniel nicht gleichgültig ist, geht sie kritisch mit sich ins Gericht: „Hab ich möglicherweise das Helfersyndrom? Wäre so eine Beziehung überhaupt denkbar? Was würden die Leute sagen, wenn die dann öffentlich würde? Was meine Eltern? Müsste das Ganze zwischen uns nicht zwangsläufig scheitern?" Doch erstaunlicherweise wächst trotz all dieser berechtigten Fragen etwas zwischen den beiden. Ganz behutsam. Wie ein grüner Keim, der sich aus dem Boden streckt – der Sonne entgegen.

Eines Tages schreibt Tanja in ihre Gebetstagebuch eine wichtige Frage: Könnte aus der zarten, winzig kleinen Pflanze ihrer gegenseitigen Zuneigung eines Tages ein starker Baum wachsen? Nur einen Tag später entdeckt sie beim Lesen der Bibel beim Propheten Hesekiel bildreiche Sätze, die sie elektrisieren:

„Ich will selbst von dem Wipfel der Zeder die Spitze wegnehmen und ihr einen Platz geben; ich will oben von ihren Zweigen ein zartes Reis brechen und will's auf einen hohen und erhabenen Berg pflanzen. Auf den hohen Berg Israels will ich's pflanzen, dass es Zweige gewinnt und Früchte bringt und ein herrlicher Zedernbaum wird, sodass Vögel aller Art in ihm wohnen und alles, was fliegt, im Schatten seiner Zweige bleiben kann (Hesekiel 17, 22b-23).

Natürlich weiß Tanja als erfahrene Bibelleserin: Diese Sätze aus dem Mund Gottes beziehen sich auf Israel. Doch sie fühlt sich dadurch ermutigt, der Liebe zu Daniel eine Chance zu geben. Und entdeckt später noch einen zweiten „Mutmacher" aus dem Buch der Bücher:

„Habe ich dir nicht geboten: Sei getrost und unverzagt? Lass dir nicht grauen und entsetze dich nicht; denn der HERR, dein Gott, ist mit dir in allem, was du tun wirst" (Josua 1,9).

Während Tanja sich Rat und Wegweisung aus der Bibel erhofft, setzt Daniel sich zum ersten Mal in seinem Leben mit dem christlichen Glauben auseinander. Im *Seehaus* lernt er Menschen kennen, die bewusst als Christen leben. Er interessiert sich für ihren Glauben. Fragt sie aus. Will verstehen, was sie bewegt. Erst sind Worte wie Schuld und Vergebung böhmische Dörfer für ihn. Bisher unbekannte Größen.

Doch nach vielen Gesprächen wird ihm bewusst, dass das

Thema auch mit ihm und seinem Leben zu tun hat. Für Daniel ein vollkommen neuer Gedanke: „Ganz allmählich erst habe ich begriffen, was es heißt: Jesus ist für mich gestorben. Für den Bullshit, den ich angerichtet habe. Für meinen ganzen Mist ist er ans Kreuz gegangen. Das ist genial. Aber ... es war für mich ganz schön schwer, das anzunehmen." Daniel braucht lange, bis er von ganzem Herzen sagen kann: „Danke, Jesus, dass du mir meine Schuld vergeben hast!"

Geholfen bei diesem Schritt haben ihm die *Seehaus*-Mitarbeiter. „Immer wieder haben sie mir gezeigt: Wir sind für dich da. Das hat mich richtig berührt."

Eines Tages arbeitet Daniel zusammen mit einem der vielen ehrenamtlichen Unterstützer des *Seehauses* und merkt: Von ihm kann er eine Menge lernen. Über das Maurerhandwerk im Speziellen. Und über das Leben im Allgemeinen. Gemeinsam mit diesem „Maurermeister im Unruhestand" baut Daniel nämlich einen Kamin. Immer wieder einmal spricht der Meister mit seinem „Auszubildenden" über Jesus. Mit Liebe und Leidenschaft. Am letzten gemeinsamen Arbeitstag dann schlägt er Daniel vor: „Vertrau dein Leben doch Jesus an, Daniel."

Daniel ist von sich selbst überrascht. Er tut genau das, was der alte Meister ihm empfohlen hat. „Dabei war eigentlich noch gar nicht so viel Glauben bei mir", meint Daniel in der Rückschau.

Die beiden beten zusammen. Daniel sagt Jesus, dass er von jetzt ab mit ihm leben will. Und macht eine unglaubliche Erfahrung. „Irgendwas in mir wurde in diesem Augenblick geheilt", versucht Daniel zu erklären. „Ich kann diese Erfahrung gar nicht genauer beschreiben. Mir wurde es innerlich warm. Ich konnte annehmen, dass ich jetzt zu Gott gehöre."

Kurz vor seiner Entlassung aus dem *Seehaus* lässt Daniel sich taufen. Alle Welt soll sehen, was in ihm vorgegangen ist: Er hat eine bewusste Entscheidung für Jesus getroffen. Und ist sich im Klaren: „Die Liebe der Mitarbeiterinnen und Mitarbeiter im *Seehaus* hat mich darauf vorbereitet", so Daniel mit Bestimmtheit.

Welchen Anteil daran die Liebe zwischen Tanja und ihm hat? Schwer zu sagen. Jedenfalls ist ein Dreivierteljahr vergangen, seit sie sich ein wenig nähergekommen sind. Seit sie von ihren Gefühlen füreinander wissen. Aber sie können und wollen kein Paar sein. Noch nicht.

Nach Daniels Entlassung ist nun alles anders. Jetzt könnten sie offen zeigen, dass sie zusammen sein und zusammengehören wollen. Doch ausgerechnet jetzt vergeigt Daniel um ein Haar die Chance seines Lebens. Er kommt erst einmal gar nicht zurecht mit dem Leben draußen in Freiheit. Trotz seiner *Seehaus*-Erfahrung. Trotz seiner Liebe zu Tanja.

Erst fängt er an zu saufen. Dann kifft er wieder. Stolpert Schritt für Schritt zurück in Richtung des alten Lebens, das ihm so lange vertraut war. Und das er eigentlich hinter sich lassen wollte.

Tanja hält zu ihm. Selbst dann noch, als Daniel sich aus Scham ohne ein Wort des Abschieds verdrückt. Bei einem Kumpel Unterschlupf findet. Den Kontakt zu Tanja und dem *Seehaus* abbricht. Ein paar Hundert Kilometer entfernt von ihr „die Sau rauslässt", wie er es heute selbstkritisch formuliert.

Es läuft fast wie im Theater: Kurz vor dem Happy End steht noch mal alles auf dem Spiel. Aber dann …

Einige ehemalige *Seehaus*-Mitarbeiter schalten sich ein. Gott sei Dank. Sie helfen Daniel zurück auf den besseren Weg. Bieten ihm eine Arbeitsstelle und Begleitung an. Daniel landet auf einem Bauernhof in der Nähe des Bodensees. Hilft auf einer Putenfarm mit. Lernt später Landwirtschaft. Und arbeitet an seiner Beziehung zu Tanja. Und das höchst erfolgreich: Am 10.10.2009 heiraten die beiden. Zwei Jahre später bringt Tanja den ersten Sohn zur Welt.

Inzwischen ist daraus die achtköpfige Familie Ludwig geworden. Wie schön.

Vor einem Jahr erst haben Daniel und Tanja in Sachen Beruf die Rollen getauscht – statt als Landwirt arbeitet er jetzt als Hausmann und hauptberuflicher Vater. Tanja ist Teamleiterin in einer Sozialstation. Im kommenden Jahr wird sie eine Stelle als Pflegedienstleitung antreten. Gemeinsam mit den Kindern besuchen Tanja und Daniel regelmäßig eine lebendige Kirchengemeinde und arbeiten dort nach ihren Möglichkeiten mit.

Und auch die *Seehaus*-Arbeit unterstützen Ludwigs aus der Ferne. Eine Zeit lang haben sie Jungs nach der *Seehaus*-Zeit aufgenommen und begleitet. Diese Form der Nachsorge ist zurzeit nicht drin. Dafür aber kümmern sich Tanja und Daniel um Markus. Der hat das *Seehaus* hinter sich. Musste dann noch mal in den Knast. Und darf jetzt jedes Wochenende raus, um sich an das Leben in Freiheit zu gewöhnen. All diese Wochenenden verbringt er bei den Ludwigs.

„Markus ist für uns wie das neunte Mitglied unserer Familie", meint Daniel. „Er ist inzwischen vernünftig geworden, der kommt jetzt richtig gut klar im Leben", lacht Tanja. Als wäre es die größte Selbstverständlichkeit, dass ein mehrfach rechtmäßig verurteilter Verbrecher in einer Großfamilie mit kleinen Kindern aufgenommen wird.

Was bedeutet ihnen das *Seehaus* heute, frage ich die beiden gegen Ende unseres Gesprächs. Daniel ist inzwischen fünfunddreißig Jahre alt, Tanja achtunddreißig. Vierzehn Jahre ist es her, dass Daniel aus dem *Seehaus* entlassen wurde, nachdem er seine Strafe abgesessen hatte. Seit elf Jahren sind die beiden verheiratet.

Beide überlegen in Ruhe, bevor sie mir antworten. Sie scheinen genau zu überlegen, was sie mir auf meine Frage antworten. Nach einer kleinen Pause kommen ihre Sätze, kurz, klar und wie geschliffen:

„Ich find's ziemlich genial, dass sich im *Seehaus* Menschen dafür aufopfern, um anderen Menschen ein gutes Leben möglich zu machen. Mein innerer Heilungsprozess wird noch eine Ewigkeit dauern, aber ich bin dabei nicht allein. Ich erlebe: Ich bin aus der Dunkelheit heraus auf dem Weg ins Licht. Die Leute im *Seehaus* haben mir dazu Mut gemacht", meint ein dankbarer Daniel.

Und seine Frau Tanja fügt hinzu: „Für mich ist das *Seehaus* ein gutes Beispiel dafür, was mit Willenskraft und Durchhaltevermögen alles möglich ist. Tobias Merckle ist ein leuchtendes Vorbild für mich. Er lässt keinen Menschen fallen. Auch meinen Daniel nicht. Wir sind mit ihm und mit dem *Seehaus* sehr verbunden. Das *Seehaus* hat einen großen Platz in unseren Herzen."

Eine reizende Familie. Eine beeindruckende. Eine engagierte.

Stark, diese Ludwigs, finde ich.

6.

Endlich bin ich wertvoll –

Entdeckungen und Erfahrungen von Frauen im *Hoffnungshaus*

Diese halbe Stunde war die längste in Alyaas bisherigem Leben. Die schlimmste. Die grausamste.

Dreißig Minuten lang Panik. Verzweiflung. Todesangst. Dreißig Minuten, über die Alyaa auch mit ein paar Jahren Abstand noch so spricht, als habe sie sie gerade erst überstanden. Aufgewühlt. Mit Tränen in den Augen.

„Frag ruhig weiter, ich will dir alles erzählen", versucht Alyaa mich zu beschwichtigen, als ich mich für manche meiner Fragen entschuldige. Und dafür, dass ich sie damit an die schlimmste Zeit ihres jungen Lebens erinnere. „Frag bitte weiter." Das tue ich und höre atemlos zu.

Alyaa, schätzungsweise Anfang dreißig, stammt aus Syrien. Aus einer kleinen Stadt nicht weit weg von der Hauptstadt Damaskus. Glücklich und behütet wächst sie dort auf. Kommt in der Schule gut zurecht. Studiert anschließend an einer Universität Germanistik. Die deutsche Sprache ist ihre Leidenschaft. Die deutsche Kultur bewundert sie.

2010, kurz vor Ende des Studiums, wird sie für ihren Fleiß und ihre guten Leistungen mit einem Stipendium belohnt. Einen ganzen Monat lang darf sie Deutschland besuchen. In Berlin leben und die Stadt kennenlernen. Einen Sommerkurs an der Freien Universität besuchen. Inmitten einer internationalen Gruppe von Germanisten aus aller Herren und Frauen Länder.

Alyaa kommt sich vor, als wäre sie direkt im Himmel gelandet. Oder jedenfalls nicht weit weg von dort.

Zurück in Syrien schließt sie ihr Studium ab. Ausgerechnet 2011, in dem Jahr, in dem der Krieg in ihrem Heimatland ausbricht. Direkt oder indirekt mischen alle möglichen Staaten mit: Russland, die USA, Saudi-Arabien, der Iran, die Türkei. Nicht zu vergessen die Terroristen des sogenannten „Islamischen Staates" und anderer Extremistengruppen.

Die Folgen des Krieges aber treffen in erster Linie die syrische Bevölkerung.

Der Beginn der Auseinandersetzungen beschert der frischgebackenen Deutschlehrerin Alyaa erst einmal eine Menge Kundschaft. Viele Syrer wollen so schnell wie möglich etwas Deutsch lernen oder ihre Kenntnisse auffrischen. Ihr Ziel: nach Deutschland fliehen. Dort in Sicherheit leben, studieren, arbeiten können. Alyaa bereitet sie vor, so gut es geht. Bis zu zwölf Stunden pro Tag unterrichtet sie. Und hört immer öfter die Frage: „Warum bist du eigentlich noch hier und nicht schon längst in Deutschland?"

Sie bleibt. Lebt mit ihrer Mutter, ihren Schwestern und einigen Nichten und Neffen im Dorf ihrer Kindheit. Unterrichtet. Legt Geld beiseite.

Doch der Krieg rückt näher. Und eines Tages gerät ihr Heimatort in den Fokus. Assads Truppen und eine Reihe von selbst ernannten Freiheitskämpfern streiten ausgerechnet hier erbittert um jeden Zentimeter syrischen Bodens.

Alyaa und ihre Familie suchen im Keller ihres Elternhauses Zuflucht. Und müssen dort zwanzig bittere Tage lang ausharren – zwanzig Tage ohne Nahrung, ohne frisches Wasser.

Hoffnung auf ein kleines bisschen Ruhe keimt auf, als Assads Leute das Dorf zurückerobern können. Doch wenig später beginnen wieder heftige Kämpfe. „Ich habe alles mit meinen eigenen Augen gesehen", berichtet mir Alyaa. „Bomben, Raketen, Blut, Angst, Verzweiflung." Ihr Blick spiegelt etwas von dem Grauen wider, auch wenn sie seit vier Jahren in Sicherheit lebt.

Irgendwann beschließt der Familienrat: So geht es nicht weiter. Alyaa und ihr Bruder sollen raus aus Syrien. Wenn der Bruder sich nicht schnellstens in Sicherheit bringt, würde er von Assads Regime zwangsweise eingezogen und in den Krieg geschickt.

Was folgt, ist eine gefährliche Reise mit vielen Etappen. Die Reisegruppe besteht aus Alyaa, ihrem Bruder mit Frau und ihren zwei kleinen Kindern. Das jüngste eben erst geboren.

Ende Oktober 2015 geht's per Taxi auf abenteuerlichen Wegen von Damaskus in den Libanon. Dort von Beirut aus mit dem Flieger nach Istanbul in der Türkei. Dann ein erster Versuch, per Schlauchboot das Meer zu überqueren, das die Türkei und Griechenland voneinander trennt. Alyaa und die Familie ihres Bruders warten vergeblich auf ein Boot. Fünf weitere Anläufe braucht die kleine Reisegruppe. An die zwölfhundert Dollar pro Person müssen sie einem Fluchthelfer bezahlen. Dann erst kann Alyaa zusammen mit den anderen ein Schlauchboot besteigen. Sich um Mitternacht auf den Weg machen.

Mit klopfendem Herzen steigt Alyaa ins Boot. Einen anderen Weg gibt es nicht, sagt sie sich. Dann nimmt sie ihre kleine Nichte fest in den Arm, die erst vor wenigen Wochen geboren ist. Die ganze Überfahrt lang wird Alyaa dieses Baby nicht mehr loslassen.

Alyaa hat Angst. Sie kann nicht schwimmen. Falls das Boot Leck schlagen und untergehen würde, könnte sie weder das Baby noch sich selbst in Sicherheit bringen. Sie betet. Bittet Gott um Bewahrung. Und erlebt, dass die Reise zunächst ohne Störung verläuft. Das Schlauchboot bewegt sie Minute für Minute näher in Richtung Sicherheit. Leise schnurrt der Motor in der dunklen Nacht. Eine Stunde, zwei Stunden, drei Stunden lang ist das Boot unterwegs.

Dann plötzlich Stille, unheimliche Stille.

Die schlimmste halbe Stunde in Alyaas Leben beginnt ganz plötzlich, ohne jede Vorwarnung. Der Motor des Bootes stottert. Spuckt. Und geht aus. Die plötzlich hereinbrechende Stille löst im Boot Panik aus. Alle beten Sturm. Zu ihrem Gott, in ihrer Sprache. Rund fünfundsechzig Frauen, Männer, Kinder, Babys. Aus Afghanistan, Algerien, Irak, Syrien.

Alyaa spricht hervorragend Deutsch, doch was sie in diesen Minuten erlebt, kann sie mir kaum vermitteln. Sie bricht mitten im Satz ab. Versucht, eine arabische Redewendung für mich ins Deutsche zu übersetzen. „Diese halbe Stunde gehört nicht mehr zu meinem Leben", sagt sie. Und fragt mich, welcher deutsche Ausdruck ihre Gefühle in diesem Augenblick wohl am besten beschreiben könnte.

„Die Zeit stand für mich still. Ich bin tausend Tode gestorben. Ich dachte, das sei das Ende." Solche Übersetzungsvarianten schlage ich ihr vor. „Stimmt alles, genau!", sagt Alyaa. Und dann erzählt sie weiter. Atemlos. Angestrengt. Mit weit aufgerissenen Augen. Ich spüre: Sie erlebt diese schlimme Nacht gerade noch einmal.

Einige Männer machen sich an dem Motor zu schaffen. Entdecken irgendwo einen Kanister mit einem Rest Treibstoff. Kippen den unter großen Mühen in den inzwischen leeren

Tank. Vergeblich. Der Motor macht keinen Mucks. Die Zeit verstreicht. Die Panik an Bord wächst. Alle wissen: Unzählige Flüchtlinge sind hier schon ertrunken. Todesangst macht sich breit. Die Menschen schreien um Hilfe. Doch ihr Schlauchboot treibt weit weg von beiden Küsten. Vollkommen allein auf dem Meer.

Da plötzlich springt der Motor kurz an. Einen Augenblick nur, bevor er wieder ausgeht. Dann aber schaffen es die Männer irgendwie, ihn richtig in Gang zu kriegen. Alyaa und die anderen an Bord können ihr Glück nicht fassen. Gott sei Dank. Sie weinen, lachen, jubeln, als sich das Boot ganz langsam wieder in Bewegung setzt. Richtung Griechenland. Richtung Europa. Richtung Sicherheit.

Alyaas Augen sind voller Tränen. Sie nimmt einen tiefen Atemzug. „Sollen wir das Gespräch beenden?", frage ich.

„Nein, ich will weitererzählen. Hör zu!", ordnet sie an, als wäre sie nicht meine Gesprächspartnerin, sondern eine strenge Lehrerin.

Am frühen Morgen gegen sechs Uhr landet die Gruppe auf einer kleinen griechischen Insel. Die längste Nacht ihres Lebens ist vorbei. Alyaa und all ihre Mitpassagiere haben die riskante Überfahrt geschafft. Am Ziel aber sind sie noch lange nicht.

Alyaa und die Familie ihres Bruders werden verlegt auf eine größere griechische Insel. Dort können sie sich als Flüchtlinge registrieren lassen. Anschließend landen sie in einem Camp, in dem für die Flüchtlinge nur einige Zelte zur Verfügung stehen. Per Schiff geht es nach Athen. Weiter per Auto. Per Bus. Per Zug. Das alles kostet. Fluchthelfer, Schlepper, Polizisten – alle halten die Hand auf. Das mitgebrachte Geld schmilzt zusammen.

Weiter geht es der klassische Balkanroute entlang. Kroatien, Slowenien, schließlich Österreich.

Alyaa atmet auf. An der Grenze zu Österreich kann sie zum ersten Mal ihre Sprachkenntnisse unter Beweis stellen. Die Grenzer sind verwundert, als die junge Syrerin mit dem Kopftuch sie in gepflegtem Hochdeutsch anspricht. Schnell wird sie eingespannt. Übersetzt in einer improvisierten Arztpraxis die Fragen der Hilfe suchenden Flüchtlinge und die Antworten der Ärzte.

Einen Monat später landet sie in Deutschland: exakt am 23. November 2015. Ziemlich genau einen Monat, nachdem sie sich mit ihrer Familie auf den Weg gemacht hat. Dass sie in Deutschland nicht freundlich aufgenommen wird, schockiert sie. Hier herrscht nicht die offene Atmosphäre, die sie in der internationalen Gruppe von Studierenden in Berlin genossen hat. Alyaa spürt: Im Zuge der Flüchtlingswelle sind Vorurteile und Misstrauen in der deutschen Gesellschaft gewachsen. Durch ihren Hijab – die Kopfbedeckung, die ihre Haare bedeckt und nur ihr Gesicht freilässt – kann jeder erkennen, dass sie den Islam ernst nimmt. Viele Deutsche lehnen sie deshalb ab. Und lassen sie das auch deutlich spüren.

„Manchmal habe ich keine Kraft mehr", vertraut sie mir an „Ich lebe allein und komme zurecht. Aber ich hoffe, dass ich bald einen guten Mann finde."

Gute Freundinnen hat sie bereits gefunden hier in Deutschland: im *Hoffnungshaus* in Leonberg. Einheimische Frauen. Und auch eine junge Syrerin, der sie erst hier in Deutschland begegnet ist: Tala, die mit ihrer Mutter ebenfalls von Damaskus aus nach Deutschland kam und in derselben Unterkunft für Geflüchtete lebte wie Alyaa. Im selben Zimmer. Und die schließlich mit ihrer Mutter und ihrer neuen Freundin Alyaa im *Hoffnungshaus* landete. Vorübergehend.

„Schau, die Bluse, die ich heute trage, die habe ich von Tala bekommen!", freut sich Alyaa. Sie ist auf einmal in Hochstimmung, erinnert sich daran, dass wir mit Tala verabredet sind. Per Skype. Denn Tala lebt inzwischen wieder in Damaskus.

Alyaa telefoniert sehr oft mit ihrer Freundin in der alten Heimat. Doch heute ist sie vor dem Gespräch richtig aufgeregt – vielleicht, weil sie Tala auch sehen wird. Oder weil ich als neugieriger Journalist dabeisitze und an Tala eine Reihe von Fragen habe.

Zwei, drei Anrufversuche scheitern. Wir landen im virtuellen Nichts. Hören nur aus der Ferne irgendwelches Tuten oder Pfeifen aus den Tiefen des Internets. Dann aber ertönt ein Freizeichen.

Das Gesicht von Alyaa beginnt zu strahlen. Tala meldet sich. Und beide Frauen fangen gleichzeitig an zu reden, zu jubeln. Alyaas Stimme schraubt sich vor lauter Begeisterung in die höchsten Höhen. Und Tala in Syrien reagiert ganz genauso: Sie kichert. Redet in rasendem Tempo. Jubelt auf Arabisch, sodass ich kein Wort verstehen kann. Doch dann entschuldigen sich die beiden bei mir. Und setzen ihr Gespräch auf Deutsch fort.

Ich erfahre: Insgesamt knapp zwei Jahre lang war Tala in Deutschland. Davon nur ein gutes Jahr im *Hoffnungshaus*. Von August 2016 bis Oktober 2017. Doch dieses Jahr war entscheidend, erzählt sie.

Tala spricht erstaunlich gut Deutsch. Ich merke: Diese Frau ist sehr gebildet. Zurzeit studiert sie an der Uni in Damaskus. Will Bauingenieurin werden.

„Bitte, könnten Sie ein bisschen langsam sprechen, weil ich mein Deutsch hier in Syrien fast vergessen habe?", bittet sie mich mit fast vollendet klingender Aussprache. Ohne ein Wort Deutsch ist sie nach Deutschland gekommen. Innerhalb kürzester Zeit hat sie alle schwierigen Sprachprüfungen geschafft. Am Ende sogar die „B 2", die ein „fortgeschrittenes Sprachniveau" bescheinigt. Das schaffen in so kurzer Zeit nur die wenigsten, die Fleißigsten, die besonders Intelligenten.

„Das *Hoffnungshaus* war eine Riesenchance für meine Mutter und mich", erzählt Tala. Vorher sei die Unterbringung in einem Heim „chaotisch" gewesen. Doch dann sei Angie gekommen – Hausmutter Angelika Röhm – und habe Mutter, Tochter und Freundin Alyaa ins *Hoffnungshaus* eingeladen. „Das hat uns alle unglaublich glücklich gemacht", schwärmt Tala.

Das Besondere am *Hoffnungshaus* sei für sie zunächst mal nur die Freundschaft mit Angelika gewesen. Aber mit der Zeit habe sie dann auch andere Bewohner des *Hoffnungshauses* kennengelernt. Sei hineingewachsen. „Wir wurden allmählich zu einer Familie, alle Hausbewohner gehörten dazu", berichtet Tala. „Egal, aus welchem Land sie stammten und aus welcher Kultur."

Ich versuche herauszufinden, welche Art von Unterstützung im *Hoffnungshaus* für Tala besonders wichtig war. Die Antwort verblüfft mich: „Jeder ist hier gleich viel wert", sagt Tala. „Ich wurde hier von Anfang an voll akzeptiert. Das hat mir sehr geholfen. Und ich habe im *Hoffnungshaus* viel Frieden erlebt, viel Ruhe, viel Barmherzigkeit."

Zwischendurch springt Tala kurz ins Englische, was sie noch besser beherrscht als Deutsch. Auf dem Display des Handys sehe ich eine selbstbewusste, modisch gekleidete junge Frau. Sie scheint meine Gedanken zu ahnen: „Ich bin eine moderne Frau. Meine Freundin Alyaa ist eine perfekte Muslima, das sieht man ja schon an ihrer Kleidung. Tief in meinem Herzen glaube ich auch an Gott, aber ich trage keinen Hijab, wie Alyaa es tut. Im *Hoffnungshaus* konnten wir beide es so machen, wie wir es wollten: Alyaa hat den Hijab getragen, ich nicht. Beides war okay."

Überraschend für mich stößt Tala einen tiefen Seufzer aus: „Ach, ich vermisse meine ganze deutsche *Hoffnungshaus*-Familie so sehr", klagt sie. Und dann erklärt sie mir: Ihre Mutter habe sich in Deutschland nicht wirklich wohlgefühlt. Habe die Heimat vermisst, die Familie, die Sprache. Und so hätten sie eben gemeinsam entschieden zurückzugehen in das Land, in dem noch immer Krieg herrscht.

Ich spüre, dass Tala diese Entscheidung nur der Mutter zuliebe getroffen hat. „Die Zeit im *Hoffnungshaus* fühlt sich für mich viel länger an als nur ein Jahr. Ich war dort niemals allein, ich war Teil einer großen Familie. Das alles war ein Segen für mich."

„Was hast du gelernt im *Hoffnungshaus*", frage ich Tala. Doch genau in diesem Moment bricht die Leitung zusammen. Wir versuchen es noch ein paarmal. Klappt nicht. Ende des Gesprächs.

Alyaa ist noch hin- und hergerissen. Strahlt angesichts der Tatsache, dass sie gerade ihre Freundin greifbar nahe sehen konnte. Und doch muss sie sich ein Tränchen aus dem Augenwinkel wischen.

Für Alyaa und ihre Familie kommt der Weg zurück nach Syrien nicht infrage. Sie will bleiben und muss bleiben. In der Nähe ihres Bruders, der heute als Gabelstaplerfahrer in einem Baumarkt die Familie ernährt. In der Nähe ihrer kleinen Nichte, die sie in der schwersten Nacht ihres Lebens im Arm hielt. Und die gerade in den Kindergarten gekommen ist.

Dass Deutschland kein Paradies ist, das hat Alyaa längst begriffen. Sie arbeitet hart an sich, um hier voranzukommen. Konnte aus dem *Hoffnungshaus* ausziehen in eine kleine eigene Wohnung. Die deutsche Sprache will sie immer noch besser lernen. Sie weiß: Die Sprache ist der Schlüssel hinein in die Gesellschaft.

Heute arbeitet Alyaa im Sprachvermittlerpool der *Hoffnungsträger Stiftung*. Sie vermittelt Termine mit Übersetzern. Und übernimmt auch selbst Übersetzungen von Dokumenten, Behördenterminen und Verhandlungen aus dem Arabischen ins Deutsche und zurück. Sie wird so zu einer Integrationshelferin für viele Landsleute und Menschen aus anderen arabischsprachigen Ländern. Eine wichtige Aufgabe.

Noch immer kommen geflüchtete Menschen auch aus ihrer Heimat Syrien hier in Leonberg an. Der Krieg hat sich aus den Schlagzeilen der Weltpresse wegbewegt. Aber noch immer sind Millionen von Menschen wegen ständig neuer Kämpfe auf der Flucht. „Die Lage in Syrien ist ganz schlimm", haucht Alyaa. „Aber wir wissen: Eines Tages wird es Frieden geben. Gott ist bei uns. Mit ihm haben wir trotz allem immer noch Hoffnung. Auf ihn vertrauen wir."

Ich kann beobachten, dass Alyaa stolz ist auf ihre Aufgabe im *Hoffnungshaus*. Stolz darauf, anderen Menschen helfen zu können: „Ich spüre hier, dass ich wertvoll bin. Und dass ich auch für andere Menschen wichtig sein kann!", sagt Alyaa.

Und sie scheint zumindest für ein paar Minuten die Schrecken ihrer Flucht ganz und gar vergessen zu haben.

7.

Ein Ultra auf Abwegen –
Gunnar

Mann, da drüben ist was los! Bei den Fußballfans in der „Canstatter Kurve" der Stuttgarter Mercedes-Benz-Arena ist richtig Action: Riesige Fahnen zerteilen die Luft. Pyrotechnik sorgt für Nebelschwaden in verschiedenen Farben. Rhythmische Sprechchöre dröhnen. Selbst raffinierte Choreografien haben die Fans vorbereitet. Gunnar, damals dreizehn Jahre jung und zum ersten Mal bei „seinem" VfB zu Gast, staunt und staunt.

Fußballfan ist Gunnar (sein richtiger Name soll hier nicht genannt werden), solange er denken kann. Fan des VfB Stuttgart. Aber heute kann er seinen Verein tatsächlich im Stadion erleben. Wahnsinn. Verdient hat Gunnar sich das mit harter „Arbeit". Einen Monat lang musste er sein Zimmer im Kinderheim wenigstens einigermaßen in Ordnung halten. Die Aussicht, ein Spiel live sehen zu dürfen, spornte ihn zu Höchstleistungen an. Und so darf er heute gemeinsam mit seinen Betreuern im Stadion mitfiebern. Ist fasziniert von dem, was die Fußballprofis unten auf dem Rasen zaubern. Aber mindestens genauso begeistert von dem, was in der „Canstatter Kurve" abgeht.

Seine Betreuer fleht er nach dem Spiel regelrecht an: „Nehmt mich wieder mit. Aber dann will ich auch in die Canstatter Kurve. Dort wo die echten Fans stehen." Und tatsächlich: Ein paar Monate später ist er live dabei. Und diesmal mittendrin.

Als Gunnar mir zehn Jahre später von diesem Tag erzählt, leuchten seine Augen. Er erinnert sich zu gerne an dieses Erlebnis. Denn dort im Stadion ist er plötzlich wer. Nicht mehr das Kind, hin und her geschubst zwischen leiblicher Mutter, Stiefvater, verschiedenen Heimen. Nicht mehr der Looser, der klaut, betrügt und einbricht, um sich etwas leisten zu können. Und der dabei oft erwischt wird. Nicht mehr der Schwänzer, der in der Schule kaum auftaucht und von einer Ausbildung nur träumen kann. Hier im Stadion gehört er dazu. Die Fans geben ihm sofort dieses Gefühl: Du bist einer von uns.

Unten spielt der VfB gegen Alemannia Aachen. Und oben, in der „Kurve" unterstützen die Ultras ihre VfB-Helden bei jeder Action. Sie pfeifen, johlen, klatschen, brüllen nach Leibeskräften.

Ältere Fans sprechen Gunnar an. Erkundigen sich nach ihm. Laden ihn ein, bei ihnen mitzumachen. Besorgen ihm Tickets aus dem Kontingent der Ultras. Und so dauert es nicht lange, bis Gunnar mit Haut und Haaren ein Teil der „Szene" geworden ist, hineinwächst in eine Gemeinschaft, die für ihn zum Familienersatz wird.

Immer noch spiegeln Gunnars Augen seine Begeisterung. Er versucht mir klarzumachen: Über diese Fußballfans, die „Ultras", werde in den Medien ganz viel Mist berichtet. Doch das seien keine Krawallmacher, sondern echte Fußballfans. Die hingen zwar zusammen mit der Hooligan-Szene, aber seien eben doch ganz anders.

Ich gestehe: Mir wird beim Gespräch langsam mulmig. Vor allem als Gunnar berichtet, wie konkret das „Familienleben" der Ultras sich gestaltet:

Jedes Spiel bringt eine gelungene Abwechslung zum eher tristen Leben im Kinderheim. Erst mal zwei, drei Bierchen mit den Jungs. Dann los mit dem guten Gefühl: „Ich bin mein eigener Herr, ich kann wild und frei leben, so wie ich sein möchte."

Alle haben das gleiche Hobby. Alle stecken viel Leidenschaft und Begeisterung rein, so schwärmt Gunnar mir vor. „Leidenschaft und Begeisterung", dazu gehören für ihn irgendwann auch die ersten „Kloppereien". „Da triffst du zufällig an einer Autobahnraststätte auf die Fans des gegnerischen Klubs. Und dann repräsentierst du deinen Verein. Und zeigst den anderen Fans, wer Stuttgart ist und dass du ganz dazu stehst." Gunnar erzählt, als berichte er über ein harmloses Kinderspiel. Aber „den Verein repräsentieren" heißt für ihn nichts anderes als die anderen Fans beschimpfen, bedrohen, verprügeln.

„Wenn du einen verfeindeten Verein wie den KSC triffst, dann beginnt es mit Sprüchen. Aber dann geht es eben weiter." Berichtet Gunnar und verherrlicht diese „alten Zeiten" regelrecht. „Die Ultra-Szene ist – im Gegensatz zur Hooligan-Szene – nicht gewaltsuchend", versucht er mir zu erklären. „Aber die Ultras gehen der Gewalt auch nicht aus dem Weg." Und er gibt zu: Weil jedes Mal eine Menge Alkohol fließt, seien die Hemmschwellen entsprechend niedrig.

Ich räuspere mich. Schau dem sympathischen jungen Mann mir gegenüber in die Augen. Und frage ihn ganz direkt: „Bist du etwa noch stolz auf diese Schlägereien?"

Gunnar überlegt kurz, bevor er ehrlich antwortet: „Schon. Auch wenn ich manche Dinge im Nachhinein gerne anders machen würde."

„Manche Dinge", damit meint er in erster Linie eine Massenschlägerei mit Fans aus Köln. Ein paar Jahre ist das her. Inzwischen ist er ins Lager der Hooligans gewechselt. Kriegt mit, wo sich die Fangruppen gegnerischer Vereine bewusst zur Schlägerei verabreden. Die hemmungslose Gewalt ist zu einem festen Bestandteil seines Lebens geworden. Und so drischt er so stark auf einen Kölner Fan ein, dass der bewusstlos liegen bleibt. Und bis heute im Rollstuhl sitzt.

„Ich hab sein Leben kaputt gemacht. Darauf bin ich nicht stolz", gesteht Gunnar. Und wirkt auf einmal ziemlich kleinlaut.

Gunnar ist im *Seehaus* gelandet, weil er eine ganze Latte von Straftaten angesammelt hat: Wohnungseinbrüche, Betrügereien, Messerstechereien. Und eben versuchter Totschlag.

Auch wenn er immer noch schwärmt von seiner „Ersatzfamilie". Und von der Geborgenheit, die ihm die Ultras gegeben haben. Auch wenn er sich halbherzig verteidigt und darauf hinweist, dass der Kölner Fan ja wie er auch auf Gewalt aus gewesen sei: „Wir wussten beide, dass da ein gewisses Restrisiko besteht." Ich spüre: Das Schicksal seines Opfers geht ihm doch sehr nahe. Gunnar ringt nach Worten: „Ich habe mich schriftlich bei ihm entschuldigt. Ich schäme mich für die Geschichte. Aber ich kann dem nicht unter die Augen treten. Ich will ihm das nicht antun, mich noch mal sehen zu müssen. So was kannst du in keiner Weise wiedergutmachen."

„Ich hätte diese Chance hier im *Seehaus* eigentlich gar nicht verdient, weil ich ja das Leben von diesem anderen Fan zerstört habe", sagt Gunnar mir. Und doch hat er die *Seehaus*-Chance genutzt, mit all seiner Kraft. Er hat ein Gefühl dafür entwickelt, wie er Konflikte ohne Gewalt austragen könnte. Er hat begriffen, wie grausam er einst zugeschlagen hat. Er will es lernen, zu seiner Verantwortung zu stehen. Und er hat bewiesen, dass er lernen und etwas leisten kann. Hat sich in die Regeln des *Seehauses* eingefügt. Sich in der Hierarchie des *Seehauses* mit guten Leistungen hochgearbeitet. Sein erstes Ausbildungsjahr als Stahlbetonbauer durchgezogen. Sich so einen Ausbildungsplatz erkämpft, wenn er – kurz nach unserem Gespräch – nach „draußen" entlassen wird.

Draußen werden die VfB-Spiele auch in den nächsten Jahren ohne ihn stattfinden. Vier Jahre lang darf Gunnar weder ins Stadion noch in die Umgebung. „Diese Strafe hat mich hart getroffen, aber ich habe sie verdient", sagt Gunnar und klingt einsichtig. „Hier im *Seehaus* habe ich gelernt: Ich muss die Gewalt von hundert auf null runterfahren. Und: Gewalt fängt mit Worten an. Ob ich das Thema Gewalt auch draußen im Griff haben werde? Wird sich zeigen. Ich fühle mich bestens auf ein Leben ohne Gewalt vorbereitet. Ich will einen Weg ohne Schlägereien gehen. Aber ob ich das schaffen werde? Jetzt liegt's an mir. Ich wage keine Prognose."

8.

Wie kleine Mädchen große Jungs verändern können –

Familie Bader kümmert sich um junge Strafgefangene

„Jetzt wird's aber Zeit!" Felix Bader ruft in ein Zimmer hinein. Ungeduldig. Keinen Widerspruch duldend. Felix ist Hausvater einer der drei *Seehaus*-Wohngemeinschaften. Jetzt aber ist er vor allem eins: müde. Und hörbar sauer. Und so macht er unmissverständlich klar: Raus jetzt. Das hier ist die allerletzte Warnung.

Es ist dreiundzwanzig Minuten vor sechs, 5.37 Uhr. Unfassbar früh. Doch in acht Minuten beginnt der Frühsport an der frischen Luft. Pünktlich.

Drinnen im Zimmer rührt sich etwas. Wenig später taumelt wenigstens einer der Jungs Richtung Licht. Reibt sich die Augen. Gähnt. Scheint sich nur mit Mühe auf den Beinen halten zu können.

„Jetzt aber wirklich!", begrüßt ihn Felix. Und marschiert los, den Jungen im Schlepptau. Die beiden schaffen es so gerade eben rechtzeitig zum morgendlichen Jogging. Zwei weitere Jungs aus der WG aber sind trotz der Mahnung zu spät dran. Sie müssen sich entschuldigen. Kriegen einen Punktabzug. Erwischen einen sehr schlechten Start in ihren *Seehaus*-Tag. Mal wieder.

Wenn man Felix so sieht – einen hochgewachsenen Mann mit kantigem Profil, kurz gehaltenem Lockenkopf und gepflegtem Bart –, könnte man ihn für einen Künstler halten, einen Ingenieur oder einen Verwaltungsexperten. Doch Felix ist ein „Menschenmensch". Er kümmert sich mit vollem Einsatz um die Seehaus-Jungs. Er ist ihr Ersatzvater. Ihr Erzieher. Ihr Kindergärtner. Ihr Antreiber. Ihr Kontrolleur. Ihr Mutmacher. Ihr Sportsfreund. Ihr Ansprechpartner. Und er lebt mit einigen der Jungs in einer Wohngemeinschaft.

Zusammen mit seiner Frau Sara. Und mit ihren beiden Töchtern.

Baders haben zwar eine eigene Wohnung, ihren „Privatbereich", direkt angeschlossen an die Räume der WG. Und doch sind Vater, Mutter, Nele und Marlie (beide noch nicht in der Schule) einen großen Teil des Tages über im WG-Raum. Hier, wo Wohnzimmer, Esszimmer und Küche zusammengehören. Und wo außer Baders, einem FsJler und einer Sozialarbeiterin bis zu sieben Jungs Platz finden können.

Beim Frühstück nach dem Sport lümmeln heute außer Felix und mir nur drei Jungs an dem riesigen Esstisch der WG. Gesprochen wird nur das Allernötigste. Stoisch löffeln die Jungs Mengen von Cornflakes oder Haferflocken in sich hinein. Schlürfen Kaffee oder Kakao. Streichen sich mehrere Brote für die Pause am Vormittag – dick belegt mit allem, was der Kühlschrank hergibt.

Als die Jungs losgezogen sind zu ihren Baustellen oder Werkstätten, in denen sie heute ausgebildet werden, nehmen sich Sara und Felix Zeit für mich.

Spannend, die beiden kennenzulernen. Ein junges, engagiertes Paar. Zwei, die wissen, was sie wollen. Sympathisch. Freundlich. Klar.

Schon seit vier Jahren arbeiten die beiden als Hauseltern einer WG im *Seehaus*, erfahre ich. Heute sind sie beide Anfang 40. Damals waren sie erst zwei Jahre lang verheiratet. Brachten ein Baby mit, das gerade krabbeln konnte. Stolperten hinein in eine Aufgabe, die ihnen von Anfang an sehr wichtig war, die sie hoppla-hopp zu meistern hatten. Und die sie bis an die Grenze ihrer Belastungsfähigkeit herausforderte.

Dabei wissen Sara und Felix von Anfang ihrer Liebesgeschichte an, dass ein bürgerlich-„spießiges" Leben für sie nicht infrage kommt. Dass sie sich um Gottes willen einsetzen wollen für Menschen, die Hilfe brauchen.

Die attraktive Sara mit den freundlichen Augen und dem Filmstarlächeln arbeitet als Krankenschwester an verschiedenen Orten der Welt. Jeweils dort, wo Not am Mann ist. Eigentlich will sie Missionarin werden, in ein Entwicklungsland gehen, dort Not lindern und zum Leben mit Jesus einladen.

Doch dann trifft sie Felix. Der hat eine völlig andere „Karriere" hinter sich. Aufgewachsen in einem gutbürgerlichen Elternhaus trifft er die falschen Freunde. Zieht mit ihnen durch die Szene. Verliert sich an die Drogen. Erst kifft er. Bald steigt er um auf die damals in seinem Heimatort „hippe" Droge Heroin. Mal wird der Stoff geraucht. Mal geschnupft. Selten gespritzt. Durch seine Willenskraft und durch die Unterstützung seiner Eltern schafft Felix es, trotzdem einigermaßen normal weiterzuleben. Er behält Arbeit und Wohnung – sage und schreibe zwölf Jahre lang. Doch dann droht ihn der Spagat zwischen Droge und „normalem" Leben zu zerreißen. Kurz bevor er abrutscht, sucht er Hilfe. Macht eine Therapie in einer christlichen Einrichtung. Schafft den Ausstieg. Und anschließend auch noch die Meisterprüfung als Landschaftsgärtner.

Davon berichtet Felix eines Tages in einer Kirchengemeinde. Erzählt den staunenden Zuhörerinnen und Zuhörern, wie tief er gesunken war. Und was die Liebe Gottes in seinem Leben zum Guten bewegt hat.

Ein junger Christ mit Vergangenheit, der etwas zu sagen hat. Sara erlebt die Veranstaltung mit. Ist begeistert. Will mehr erfahren. Und spricht Felix direkt an. Sie lacht, als sie mir von den ersten Gesprächen berichtet: „Bei uns war es keine Liebe auf den ersten Blick. Ich war zunächst sehr zurückhaltend, als ich merkte, dass sich Felix für mich zu interessieren begann."

Erst nach und nach wächst auch bei ihr das Interesse. Beiden wird klar: Wir gehören zusammen. Wir heiraten.

Über persönliche Kontakte landet Felix beim *Seehaus*. Hier kann er mitarbeiten. Hier kann er seine persönliche Lebenserfahrung einbringen – wer würde die jungen Straftäter besser verstehen als einer, der selbst Jahre seines Lebens verpfuscht hat? Felix kann im *Seehaus* jede Menge Praxiserfahrung sammeln. Und berufsbegleitend „soziale Arbeit" studieren.

Nur ein Jahr danach folgt Sara ihm. Wird seine „Kollegin". Beide übernehmen gemeinsam die Verantwortung für eine der WGs im *Seehaus*. Der Anfang ist anstrengend. Extrem anstrengend.

Innerhalb von wenigen Wochen müssen Baders ihre alte Wohnung auflösen. Die neue im *Seehaus* streichen. Mit Sack, Pack und Baby Nele umziehen. Sich in einer völlig neuen Aufgabe zurechtfinden.

Die Jungs in ihrer ersten WG spüren sofort, dass Baders noch nicht wirklich vorbereitet sind. Sie bocken. Widersprechen. Stellen sich quer. Provozieren. Nach allen Regeln der Kunst bzw. nach allen Regeln des *Seehauses*. Denn die vielen Regeln, die im *Seehaus* gelten, kennen die Jungs zunächst noch erheblich besser als ihre neuen Hauseltern. Und nutzen diesen Vorteil schamlos aus. Treiben Sara und Felix immer wieder an den Rand der Verzweiflung.

„In der Zeit haben wir häufig mit erfahrenen Hauseltern in einer Nachbar-WG telefoniert. Wir haben nachgefragt, wie man diesen Konflikt oder jene schwierige Situation meistern könnte", berichtet Sara. Und sie gibt zu: Einmal tauchte sie damals tränenüberströmt im privaten Teil der Wohnung auf und klagte bei Felix: „Ich kann nicht mehr. Du musst die Jungs bändigen." In einer Phase sei sie kurz vor dem Burn-out gewesen, fügt Sara noch hinzu. Eine Folge der anfangs ständigen Auseinandersetzungen mit den Jungs in der WG. Ein Start, der ganz schön viel Kraft gekostet hat.

Das alles schildert Sara mir, dem neugierigen Beobachter, ungeschminkt, offen und ehrlich. Um dann resümierend hinzuzufügen: „Aber ich habe keinen Zweifel daran – Gott hat es geführt, dass wir hierhergekommen sind …"

Ich staune. Und will wissen, wie es weiterging.

„Man hat uns gesagt: Das erste Jahr ist das schwierigste. Halte das durch – dann wird es besser", erzählt Sara. Und dann nickt sie mit einem Lächeln und ergänzt: „Es war tatsächlich so: Wir haben mit der Zeit mehr Sicherheit bekommen und wussten, was wir tun. Nach und nach kamen dann auch verständigere Jungs bei uns in die WG. Die hielten sich an die Regeln. Die entschuldigten sich, wenn irgendetwas schiefgelaufen war. Da konnten wir spüren: An diese Jungs kommen wir ran."

Und daran haben die beiden Töchter von Baders einen wichtigen Anteil. Sara erzählt mir das wie etwas vollkommen Selbstverständliches: Ihre beiden Mädchen – Marlie, die heute etwa ein Jahr ist, und die knapp fünf Jahre alte Nele – leben mittendrin zwischen all den Jungs in der *Seehaus*-WG. Und werden von allen hier geliebt. Und entsprechend behutsam und „kindgerecht" behandelt.

Das Familienleben, das die Jungs hier bei Baders mitbekommen, sei für die meisten von ihnen etwas vollkommen Neues, meint Sara. Viele der Jungs liebten es, mit den beiden kleinen Mädchen zu spielen. Selbst wenn ihnen alles andere im *Seehaus* schwerfalle: Die Mädchen seien für die Jungs etwas ganz Besonderes.

Ich staune wieder.

Und ich staune noch mehr, als ich mir das immer mehr bewusst mache: Die beiden süßen Töchter von Baders wachsen gemeinsam mit den „schweren Jungs" auf. Mit strafrechtlich verurteilten Kriminellen. Mit Schlägern. Dieben, Betrügern, Drogenhändlern, Einbrechern, Verkehrssündern. Der Umgang mit diesen jungen Männern ist für die Mädchen etwas vollkommen Normales. Gelegentlich landen sie auf dem Arm von einem der Jungs. Oder werden von ihm gefüttert. Oder zur Beruhigung durch die Wohnung getragen. Junge Verbrecher sind – zumindest auf Zeit – die „älteren Brüder" von Baders Kindern. Und beide Seiten scheinen das gut und richtig zu finden.

Ich atme sehr tief durch, als ich das begreife.

„Geht ihr da nicht ein hohes Risiko ein?", frage ich vorsichtig und ein bisschen ungläubig. Felix und Sara scheinen sich diese Frage nicht zu stellen. Beziehungsweise: nicht mehr, denn sie haben eine überzeugende Antwort darauf gefunden:

„Als Hausmutter habe ich in der Regel den ersten Kontakt mit einem der Jungs, der neu zu uns kommt", sagt Sara. „Ich merke dann schon gleich, wie der auf mich reagiert und wie auf die Kinder."

Dann beginnt Sara wieder zu lächeln und erzählt fröhlich davon, dass oft schon bei der ersten Begegnung ein Funke überspringt. Dass die vorher noch mürrisch dreinblickenden, verschlossenen Jugendlichen plötzlich Herzlichkeit zeigten, Fröhlichkeit, ein Lächeln. Dass die Neuen in der WG genau zusähen, wie die anderen Jungs mit den Mädchen von Baders umgehen. Dass sie das dann auch lernen möchten und sich dabei alle Mühe gäben.

Sara strahlt: „Die Jungs genießen es, wenn ich ihnen mal das Baby in den Arm drücke. Sie behandeln die Kleine ganz vorsichtig. Der Umgang mit den Kindern verändert sie. Manche werden offener und weicher. Manche lachen und scherzen mit den Kindern. Ich staune darüber, wie gut einige der Jungs mit unseren Mädchen umgehen können."

Auch ich komme aus dem Staunen nicht heraus.

Und bin endgültig platt, als Sara ganz beiläufig einen Namen nennt: Gunnar habe ein unglaublich tolles Gespür für Kinder gehabt, schwärmt sie.

„Moment, Gunnar?" Ich frage nach, um mich nicht zu täuschen: „Meinst du Gunnar, den früheren Hooligan? Den Gunnar, der den Fan eines anderen Fußballklubs in den Rollstuhl geprügelt hat? Den Gunnar, der auch im *Seehaus* sein Verhältnis zur Gewalt nicht wirklich klären konnte oder wollte?"

Genau den, bestätigt Sara. Dieser Gunnar habe ein absolutes Händchen für Kinder gehabt. Der wusste genau, wie er das Baby sicher halten musste. Der hatte einen riesigen Spaß daran, mit Nele Verstecken zu spielen. Und der packte gelegentlich auch im *Seehaus*-eigenen Waldkindergarten gerne und fachkundig mit an.

Jetzt bin ich tatsächlich sprachlos.

Ausgerechnet Gunnar. Gunnar, der so intelligent und höflich in seinen Umgangsformen ist. Der innerhalb des *Seehauses* so gut mit Regeln umgehen kann. Der aber eine furchtbare Kindheit und eine von Gewalt geprägte Jugendzeit in den Knochen hat. Der nach seiner Zeit im *Seehaus* „draußen" zunächst gar nicht gut zurechtkommt. Der sich dann aber berappelt und sich dabei bewusst von *Seehaus*-Mitarbeitern unterstützen lässt (wie ich inzwischen erfahren habe). Der sich mit viel Einsatz durch die Hochs und Tiefs seines Lebens in Freiheit kämpfen muss. Ausgerechnet dieser Gunnar kümmerte sich rührend um zwei süße Mädchen?

Mit Gunnar sei es „ein Drama", meint Sara voller Mitgefühl. Die Hooligans seien halt seine Ersatzfamilie. Deswegen habe er sich zu schlimmen Dingen hinreißen lassen. Hier im *Seehaus* und mit ihren Töchtern aber sei er ganz anders gewesen.

Sara spürt, wie verblüfft ich bin. Sie macht mir klar, dass sie sehr genau überlegt, was sie tut. Und kein bisschen blauäugig ist: „Ich drücke nicht jedem Jugendlichen gleich mein Baby in die Hand", sagt sie „Erst einmal beobachte ich, wie sie sich verhalten. Ich brauche die Sicherheit: Dieser Junge geht gut mit meinen Kindern um. Dann erst vertraue ich ihm. Felix und ich haben da auch klare Regeln aufgestellt, zum Beispiel darf unsere Nele den Jungs kein Küsschen geben. Und im Zimmer besuchen darf sie sie auch nicht."

Sara wirkt auf einmal ein wenig streng, wie eine Lehrerin bei der Klassenarbeit. Doch dann entspannt sie sich wieder: „Ich muss sagen: Wir hatten in unserer WG wirklich noch nie ein Problem, was die Beziehung der Jungs zu unseren Töchtern betrifft. Unsere große Tochter ist in manche Jungs regelrecht vernarrt. Andere aber lässt sie abblitzen – und das ist auch in Ordnung so. Sie kann das entscheiden, wenn sie zu einem lieber nicht gehen will."

Immer mehr spüre ich: Baders sind sich ihrer Verantwortung hundertprozentig bewusst. Sie achten sehr genau darauf, was mit ihren Töchtern geschieht, und setzen klare Regeln. Und doch bleibe ich kritisch und wage noch eine letzte Frage: „Instrumentalisiert ihr da eure Töchter nicht? Sie sollen im *Seehaus* doch dazu beitragen, dass die Jungs ein normales Leben führen können – und sind damit Mittel zum Zweck."

Felix setzt klar dagegen: „Wir würden nie so leben und arbeiten, wenn unsere Töchter hier Schaden nehmen würden. Es ist umgekehrt: Sie profitieren davon, dass wir hier sind. Sie haben hier ein ausgesprochen gutes Umfeld. Sie haben den *Seehaus*-Kindergarten direkt vor der Haustür und viele kleine Freunde, die auch auf dem Gelände wohnen. Sie haben einen Spielplatz direkt vor der Haustür und immer eine Schar von Kindern um sich herum. Es geht ihnen richtig gut hier im *Seehaus*!"

Ich kann Sara und Felix nur bewundern für den Einsatz, den sie als Familie hier leisten. Doch ich merke auch, dass die beiden nicht bewundert werden wollen. Für sie ist das, was sie tun, ganz normal. Klar haben sie nicht vor, diesen enormen Einsatz ihr ganzes Arbeitsleben lang weiterzuführen. Klar freuen sie sich darauf, irgendwann einmal wieder entspannte Abende zu zweit oder als Familie zu haben. Oder ganz regelmäßig an einem Hausbibelkreis teilnehmen zu können. Doch all das kann warten. Jetzt ist im *Seehaus* voller Einsatz gefragt.

Das sei auch gut und richtig so, meint Sara. Und verweist auf Jesus. Der habe schließlich gesagt (Matthäus 40,25b): „*Alles was ihr einem meiner geringsten Brüder getan habt, das habt ihr mir getan.*"

Nachdenklich greift Sara diesen Satz auf: „Letztlich machen wir das, was wir hier für die Jungs tun, Jesus zuliebe. Wir machen es von Herzen gern. Und manchmal erleben wir sehr schöne Entwicklungen bei den Jungs. Mit manchen kommen wir gut ins Gespräch über ihr Leben und den Glauben. Ab und zu bittet einer von ihnen uns darum, mit ihm zu beten. Für uns ist es ein Privileg, hier im *Seehaus* zu arbeiten. Geradezu genial."

Felix bilanziert etwas nüchterner: „Manchmal fragt mich ein Jugendlicher: ‚Hey, wieso machst du das alles für mich?‘ Dem antworte ich dann: ‚Vielleicht weil ich dich mag?‘ Viele unserer Jungs fragen sich schon, warum wir uns so für sie anstrengen, obwohl sie uns das Leben oft so schwer machen. Ich gebe die Hoffnung nicht auf, dass sie das irgendwann mal auch ins Nachdenken bringt."

Wir beenden unser Gespräch. Sara muss die kleine Marlie füttern. Felix fährt zu einer Seniorengruppe, um dort die *Seehaus*-Arbeit vorzustellen. Ein langer Tag liegt vor beiden. Zwischendurch werden sie sich immer mal sehen, auch mal etwas Zeit für ein Schwätzchen oder einen kleinen Spaziergang haben. Doch letztlich sind sie den ganzen Tag im Dienst. Felix wird „ihre Jungs" gegen zweiundzwanzig Uhr zum letzten Mal sehen – die Jungs, die dann morgen früh wieder soooo früh rausmüssen.

9.

Die Firma und die Familie –
Ein Erbe mit vielen Facetten

Ich gebe zu, vor diesem Thema habe ich Muffensausen. Nein, dieser Begriff trifft mein flaues Gefühl nicht richtig. Mich beschäftigt die Sorge, ob ich bei Tobias Merckle schmerzhafte Wunden aufreißen könnte, wenn ich mich mit meinen Fragen nach seinen Eltern erkundige. Und nach dem Familienunternehmen. Denn das sind knifflige Themen. Schwierige. Hochsensible.

Gehen solche Themen mich als interessierten Beobachter und meine künftigen Leserinnen und Leser überhaupt etwas an? Oder sollten sie tabu bleiben?

Ich eröffne das Interview etwas zögerlich mit einem behutsamen Vorschlag. Erkläre Tobias, dass ich mit ihm über seine Eltern sprechen möchte. Und dass ich dabei gerne jede Frage stellen würde, die sich mir im Gespräch aufdrängt. Dass ich ihm aber ausdrücklich das Recht einräume, nicht zu antworten, wenn für ihn die eine oder andere Frage unangemessen wäre.

So. Jetzt ist es raus.

„Kein Problem", nickt Tobias.

Und wir beginnen ein Gespräch, in dem es zunächst um seine unbeschwerte Kindheit geht. Dann aber auch um eine gewaltige Krise des Merckle-Imperiums. Und schließlich darum, dass sein Vater sich das Leben genommen hat.

Adolf Merckle, der Vater von Tobias, ist in Dresden geboren. 1967 übernimmt er in Blaubeuren bei Ulm das Unternehmen, das sein Vater nach dem Zweiten Weltkrieg aufgebaut hat. Damals beschäftigt es 80 Mitarbeiter und erzielt einen Jahresumsatz von etwa vier Millionen D-Mark. Mit viel Mut und Weitsicht entwickelt Adolf daraus einen höchst erfolgreichen Weltkonzern. Ein Firmengeflecht entsteht. Mit Branchenriesen wie ratiopharm, HeidelbergCement, Kässbohrer Geländefahrzeuge und der VEM Vermögensverwaltung.

Wikipedia hält fest, dass Adolf Merckle laut Forbes-Liste in den Jahren 2006 und 2008 einer der reichsten Menschen in Deutschland gewesen sein soll.

Trotzdem erlebt Tobias als Kind dieses schwerreichen Unternehmers keine Schickimicki-Kindheit in Saus und Braus. Das Haus der sechsköpfigen Familie in Blaubeuren am Rand der Schwäbischen Alb sei zwar schön groß gewesen, erinnert er sich. Aber zu den Tugenden der Eltern hätte neben dem Fleiß und der Disziplin auch die Sparsamkeit gehört. Und so muss Tobias als Jüngster die Klamotten auftragen, aus denen die beiden älteren Brüder Ludwig und Philipp Daniel herausgewachsen sind. „Vermutlich war ich in meiner Klasse der, der die ältesten Kleidungsstücke trug", lacht Tobias heute. „Mein Fahrrad jedenfalls war ganz eindeutig älter als die Räder all meiner Klassenkameraden."

So geht es einem als Sohn reicher Eltern, wenn man eine große Schwester und zwei große Brüder hat. Doch Tobias scheint darunter nicht gelitten zu haben. Im Gegenteil: Er schwärmt geradezu, wenn er von seiner Kindheit erzählt. Vor allem vom Familienurlaub in Österreich. Von den Bergtouren dort. Von den Übernachtungen in kargen Berghütten. Aber auch von der Zeit in der Jungschar und später im Jugendkreis des EC-Jugendverbands, den man damals noch „Jugendbund" nannte.

Die Mutter sei regelmäßig mit den vier Kindern zur Kirche gegangen, erinnert er sich, auch der Vater sei ab und zu mitgekommen. Überhaupt habe der Glaube an Gott eine wichtige Rolle in der Familie gespielt. Der Vater habe oft abends mit den Kindern das „Vaterunser" gebetet. Die Mutter habe sich viele Jahre lang im Kirchengemeinderat engagiert. Jahre später – als ihr der ganz persönliche Glaube immer wichtiger wurde – auch in der Synode der Evangelischen Kirche in Deutschland.

Liebevoll und streng seien seine Eltern gewesen, erinnert sich Tobias. Für ihre Kinder hätten sie immer Zeit gehabt. Der Vater habe in der Regel zu Hause zu Mittag gegessen. Und sei dann ansprechbar gewesen für seine Kinder.

Bis ins Detail bespricht Adolf Merckle mit seiner Familie wichtige Entscheidungen, die er in der „Firma" zu treffen hat. Wenn das Familienoberhaupt am Sonntagabend mit dem Vorstandsvorsitzenden von HeidelbergCement telefoniert, sitzt Tobias wie selbstverständlich dabei und hört zu. Die „Firma" gehört einfach fest zur Familie. Und die Familie fest zur Firma.

Im zarten Alter von acht Jahren bekommt Tobias seinen ersten Lohnzettel für eine kleine Mitarbeit in der „Firma". Später packt er regelmäßig am Fließband zu. Verdient sich in den Ferien ein Taschengeld. „Mein Vater hat mich nie zur Mitarbeit gezwungen. Ich wollte das so und habe es sehr gerne gemacht", erinnert Tobias sich.

Die Familie, die Firma – und immer mehr auch der „Jugendbund" prägen das Leben von Tobias. Schon mit vierzehn übernimmt er dort Verantwortung. Beginnt damit, eine Jungschar zu leiten. In fröhlicher Atmosphäre führt er Kinder an christliche Werte heran und erzählt ihnen biblische Geschichten. Auch im Posaunenchor bläst er mit. Und lernt das Spiel auf dem Flügelhorn. In seiner frommen christlichen Gemeinschaft stört sich (für diese Zeit) erstaunlicherweise niemand daran, dass er als begeisterter Tänzer vielen Jugendlichen in seinem Alter Standardtänze beibringt.

Den schwäbischen Pietismus erlebt der Unternehmersohn nicht als Enge. Sondern als große Bereicherung seines Lebens. Einen weiten ökumenischen Horizont bekommt er durch Kontakte zum Beispiel zum katholischen Kloster Obermarchtal und zu Mitschülern in seinem Schülerbibelkreis, die zu einer Freikirche gehören.

Mit Feuereifer ist Tobias bei der Aktion „Franken 87“ dabei. Von Haus zu Haus, von Tür zu Tür wird zu einer Veranstaltung eingeladen, bei der es um den Glauben an Gott gehen soll. Er macht mit. Übt sich im Klingelputzen. Führt viele Gespräche an der Tür. Lädt Menschen ein. Muss sich von ihnen herausfordernde Fragen zu Gott und der Welt gefallen lassen. Sucht und findet auf diese Weise selbst immer tiefere Antworten auf seine wichtigsten Lebensfragen: Was genau glaube ich eigentlich? Was bedeutet Jesus für mich? Wie will ich mein Leben mit ihm gestalten?

Für den Unternehmer Adolf Merckle steht fest: Tobias und seine Geschwister werden eines Tages alle im Unternehmen mitarbeiten. Eine Selbstverständlichkeit, kein Zwang, sei dieser Wunsch des Vaters gewesen, betont Tobias heute. Und er selbst habe sich auch sehr gut vorstellen können, in die Firma einzusteigen.

Als Tobias sich nach seinem sozialen Einsatz in den USA gegen das Jurastudium und für Sozialpädagogik entscheidet, ist sein Vater erst wenig begeistert. Meint aber wenig später: „Dann leitest du eben später die Personalabteilung in der Firma.“

Dass es anders kommt und Tobias den Weg in Richtung *See-haus* einschlägt, trägt Adolf Merckle ihm nicht nach. Der Vater sei schon traurig gewesen, dass Tobias sich gegen eine Mitarbeit im Unternehmen entschieden habe. Andererseits aber hätten ihn die Eltern von allem Anfang an bei seinen Plänen unterstützt, meint Tobias. Mit Rat und Tat seien sie für ihn und seine Ideen da gewesen. Mit einer Bürgschaft. Und mit ihrem guten Namen.

Tobias entwickelt ein in Deutschland noch vollkommen unbekanntes Konzept. Eine Alternative zum Strafvollzug. Ein straff geführtes soziales Trainingscamp, das junge Straftäter nicht einfach wegschließt. Sondern auf ein Leben in der Freiheit vorbereitet. Auf ein Leben ohne Kriminalität.

„Meine Entscheidung für das Projekt *Seehaus* war nie eine Entscheidung gegen die ‚Firma‘", betont Tobias heute. Das spürt sein Vater wohl genau. Und macht ihm deshalb sogar Mut, als der erste Antrag für das Projekt von der Landesregierung Baden-Württemberg abgelehnt wird. So starten Vater und Sohn gemeinsam einen zweiten Versuch. Rufen direkt an beim damaligen Justizminister Ulrich Goll. Mit Erfolg. Der Name Merckle, das Konzept und die Beharrlichkeit des jungen Merckle überzeugen. 2003 kann die Arbeit des *Seehauses* in Leonberg beginnen. Eine Herkulesaufgabe, für die Tobias all sein unternehmerisches Talent einsetzen kann. Einsetzen muss.

Denn der „Zuschlag" durch das Land nützt ihm nichts, als sich in Leonberg Widerstand aufbaut. Kräftiger Widerstand. Eine Bürgerinitiative macht mobil. Sie befürchtet Schlimmstes durch die (so eine Schlagzeile der Lokalzeitung) „Monster im Seehaus". Tobias informiert und verhandelt und überzeugt. Mit guten Argumenten. Mit seiner Person. Und dann vor allem Stück für Stück durch gute Arbeit. Sein Konzept eines Hauses der zweiten Chance, eines Jugendstrafvollzugs in freier Form funktioniert. Der weitaus größte Teil der verurteilten jungen Straftäter bleibt. Obwohl keine Mauern, kein Stacheldraht, keine Zäune sie halten. Obwohl das Zentrum von Leonberg, die Stuttgarter City und die Autobahn nur wenige Kilometer entfernt sind. Ähnlich läuft es acht Jahre später in Leipzig: Erst kommt es zu massivem Widerstand vor Ort. Allmählich überzeugen Argumente, Konzepte, Persönlichkeiten. Und schließlich sind Nachbarschaft und Region sogar stolz darauf, ein Leuchtturm-Projekt wie das *Seehaus* vorzeigen zu können.

Trotz der herausfordernden neuen Aufgaben in den beiden *Seehäusern* behält Tobias auch den Blick auf die „Firma". Informiert sich genau über anstehende Entscheidungen. Auch die folgenschwere Übernahme des britischen Baustoffherstellers Hanson durch HeidelbergCement mit der damit verbundenen Kapitalerhöhung wird im Kreis der Familie durchgesprochen. Eine strategisch sinnvoll scheinende Weichenstellung. Aber leider zum falschen Zeitpunkt. Niemand kann die dramatische internationale Finanz- und Wirtschaftskrise voraussehen. Adolf Merckle sichert den Kauf mit Unternehmensaktien ab. Eine verhängnisvolle Entscheidung, die sich während der Finanzkrise rächt. Als die Aktienkurse massiv fallen und die reichlichen Reserven aufgezehrt sind, fordern die Banken vorzeitige Kredittilgungen – obwohl die Firmen trotz der Krise gut laufen.

„Mein Vater hatte kurz vor dieser Unternehmenskrise einen Herzinfarkt, der ihn sehr schwächte", erklärt mir Tobias nachdenklich. Die Krise habe den Vater so sehr belastet, dass er depressiv wurde. „Wir spürten, dass es ihm sehr schlecht ging. Aber niemand von uns rechnete damit, dass unser Vater sich das Leben nehmen würde", sagt Tobias leise.

Am 5. Januar des Jahres 2009 wirft Adolf Merckle sich vor einen Zug.

Wenige Hundert Meter entfernt vom Firmengelände. Tobias erfährt es, als ihn einer seiner älteren Brüder anruft. Extrem bitter und eigentlich vollkommen unvorstellbar sei diese Nachricht gewesen, erinnert er sich heute.

Nach Adolf Merckles Tod teilt die Familie mit. *„Die durch die Finanzkrise verursachte wirtschaftliche Notlage seiner Firmen und die damit verbundenen Unsicherheiten der letzten Wochen sowie die Ohnmacht, nicht mehr handeln zu können, haben den leidenschaftlichen Familienunternehmer gebrochen, und er hat sein Leben beendet."*

Der Nachrichtenagentur idea berichtet Merckles Witwe Ruth später: *„Er hat halt nimmer können, obwohl das Gebet für ihn stets eine Stütze war."*

Besonders schrecklich an diesem Tod ist die Tatsache, dass in dieser Phase die schlimmste Krise bereits überwunden ist. Und dass wenig später wieder Geld von den Banken fließt.

Ludwig, der älteste Bruder von Tobias, wird ins kalte Wasser geworfen. Er muss die Gesamtleitung des Konzerns übernehmen. Zehn Jahre lang rackert er in mühsamer Kleinarbeit. Verkauft ratiopharm. Ordnet das Unternehmensgeflecht neu. Baut die Firma Stück für Stück zu einem gesunden Unternehmen auf.

2017 ehrte ihn die *Intes* Akademie als Familienunternehmer des Jahres. Eben weil er es geschafft hat, die Unternehmensgruppe langfristig zu erhalten.

Der „Firma" geht es heute also wieder richtig gut. Tobias ist weiter für die Firma aktiv – im Familienrat und auch im Aufsichtsrat von HeidelbergCement.

Einen Großteil seines Vermögens (einen hohen zweistelligen Millionenbetrag) bringt er in die Stiftung ein, die er 2013 gründet. Der Name ist Programm: *„Hoffnungsträger Stiftung"*. Durch diese Stiftung will er Menschen in Not neue Hoffnung ermöglichen. Menschen, in denen er das Gute sieht. Flüchtlingen. Gewaltopfern. Strafgefangenen. Und ihren Familien. In Deutschland. Indien. Kambodscha. Sambia. Und Kolumbien.

10.

Die Kinder der Gefangenen –

Zu Besuch bei Familien, die auf Unterstützung angewiesen sind

Rein ins Taxi. Raus aus der Stadtmitte von Medellín unten im Talkessel. Hin zu den Hängen am Rand der Stadt, die steil in die Höhe ragen. Und an denen Menschen leben, viele Menschen, überwiegend arme Menschen.

Hoch und immer höher geht die Fahrt den Hang hinauf. Erst über breite Straßen, durch feine, gepflegte Viertel. Ganz allmählich aber werden die Straßen schmaler. Je höher wir kommen, desto enger. Die Häuser links und rechts der Straße werden immer kleiner. Ineinander verschachtelt. Nebeneinander. Aufeinander. Ineinander. Gerade so, als hätten nicht Architekten oder Stadtplaner dieses Stadtviertel errichtet, sondern Kinder mit ihren Legobausteinen.

Wir wollen heute ganz bewusst die weniger schmucken Gegenden der Stadt kennenlernen. Zunächst den Stadtteil „Santa Cruz". Wollen hier Menschen treffen, deren Alltag ein tagtäglicher Kampf ist. Wollen das Lebensumfeld von Kindern wahrnehmen, deren Mütter alleinerziehend, alleinverdienend, alleinverantwortlich sind. Und die deshalb ganz dringend Unterstützung von außen brauchen, von engagierten *Hoffnungsträgern* eben. Denn Ehemänner oder Väter sind nicht zur Stelle – die sitzen nämlich im Knast.

An die 170.000 Kinder leben in Kolumbien, deren Vater oder Mutter eine Gefängnisstrafe zu verbüßen haben. Kinder wie Juan, den wir heute als Erstes besuchen. Unser Taxi setzt uns vor einem Rohbau ab. Eine steile Treppe ohne Geländer führt in den ersten Stock. Von oben herunter begrüßen uns Juan und seine Mutter Paula.

Juan ist ein schmaler, sportlich wirkender Vierzehnjähriger. Höflich, ein wenig schüchtern begrüßt er uns. Bittet uns einzutreten in den Raum, den er zusammen mit seiner Mutter bewohnt. Mittendrin eine wuchtige Sitzgarnitur, davor ein paar Kleiderständer voller Klamotten, dahinter, durch eine dünne Wand abgetrennt, eine kleine Küche.

Wir machen es uns in der Sitzecke gemütlich. Juan und seine Mutter Paula Ramírez nehmen mich in die Mitte. Paula als Gastgeberin steht noch zweimal auf, saust in die Küche, bietet uns Wasser an. Wahlweise einen Tee. Setzt sich wieder. Fragt noch mal, was sie uns anbieten kann. Klar, bei einem solchen Besuch aus der Ferne ist die Gastgeberin reichlich aufgeregt.

Vielleicht gut, dass ich mich als Erstes nach den Kleiderständern erkundige, die sie direkt an der Eingangstür platziert hat. Paula wittert ihre Chance und sprudelt los.

„Bei mir kann man sehr gut einkaufen", erklärt sie. Berichtet mir davon, dass es bei ihr nur beste Qualität gibt. Dass man bei ihr alles bestellen kann, was man will – jede Ware, die ich mir nur ausmalen kann. Und nicht etwa nur Kleidung. Und dass sie alles schnell und sehr günstig besorgen kann. Dass sie als Kleinunternehmerin seit einigen Jahren selbstständig ist und so den Lebensunterhalt für sich und ihren Juan verdient.

Stark. Eine zupackende Frau, die ihre Hände nicht in den Schoß legt. Viel kann sie nicht verdienen mit ihrer improvisierten „Boutique" hier in diesem eher ärmlichen Viertel.

Doch Paula kämpft. Ich verstehe schnell: Sie will das Beste für ihren Juan.

Richtig, mit dem sollte ich jetzt endlich mal sprechen. Ich versuche, den Redefluss von Mama Paula ein bisschen zu stoppen. Und lade den ruhigen Teenager ein, von sich zu erzählen. Das tut er denn auch.

Juan berichtet mir, dass er neulich bei einer Filmproduktion als Statist mitwirken durfte. Ne coole Sache sei das gewesen! Dass er die Schule insgesamt ganz okay findet, keine Lieblingsfächer hat, aber überall ganz brauchbare Noten schreibt. Dass seine Leidenschaft dem Fußball gilt. Richtig fußballverrückt ist er. Er spielt in jeder freien Minute. Und er schwärmt ganz besonders für Real Madrid. „Ein Trikot dieser Mannschaft – das wäre mein Traum", berichtet Juan mir und strahlt. Früher habe er tatsächlich mal ein Trikot seiner Lieblingsmannschaft gehabt. Doch das sei ihm mit den Jahren einfach zu eng geworden. Mist.

Glücklich und ein wenig stolz sieht und hört Paula zu, während ihr Sprössling erzählt. Dann ergänzt sie, was er ihrer Meinung nach vergessen hat. Mir fällt es schwer, mich auf ihre Worte zu konzentrieren, weil Paula dabei den Mund auf merkwürdige Art und Weise verzieht. Das hatte ich zunächst noch gar nicht so beachtet. Ich bemerke: Nicht nur ein Mundwinkel hängt schlaff nach unten. Fast die Hälfte ihres Gesichts ist in Mitleidenschaft gezogen. Selbst wenn Paula lacht, wirkt sie müde und sehr traurig. Ein bisschen so wie Patienten nach einem Schlaganfall, deren eine Gesichtshälfte gelähmt ist.

Doch Paula preist ihren Juan so mitreißend, dass ich ihr Aussehen erst einmal wieder vergesse. Dass ihr Sohn ein fleißiger, braver, gut erzogener Junge ist, jubelt sie. Und auch zu Hause mithilft. Dass er sich in der Schule ausgesprochen gut schlägt. Und viele gute Noten mit nach Hause bringt.

So schwärmt übrigens nicht nur Paula, sondern das bestätigt mir auch Sozialarbeiter José Carlos. Alle paar Monate macht sich José mit seinem Motorrad auf den Weg zu Juan und Paula. Erkundigt sich nach Schule und Freizeit. Spricht mit den beiden über Schönes und Schweres. Und versucht zu helfen, wo Hilfe nötig ist. Paula scheint von dieser Unterstützung regelrecht zu zehren. Die Besuche von José seien eine große Hilfe für sie und Juan, die finanzielle Unterstützung mache es möglich, betont sie, dass sie ihrem Juan angemessene Schulkleidung und die richtigen Bücher kaufen kann. Und besonders wichtig sei ihr, dass Juan auch professionelle Hilfe durch einen Psychologen bekommen kann. Denn leicht hat es ihr Juan nicht.

Paula errötet. Das Thema scheint ihr peinlich zu sein. Sie wendet den Blick ab. Spielt nervös mit ihren Händen. Ihre Aussagen bleiben vage. Sozialarbeiter José liefert manche Information nach, die Paula nur andeutet.

Juans Vater ist offensichtlich ein furchtbarer Kerl. Ein Kleinkrimineller, der seit Jahrzehnten hin- und herpendelt zwischen dem Gefängnis und dem Leben draußen – wo er sich dann von Paula durchfüttern lässt. Dieser Mann habe Paula schon so viel Schaden zugefügt, verrät mir José. Selbst in eine Schießerei habe er Paula mit hineingezogen. Weil sie dabei schwer verletzt wurde, kann sie ihre rechte Gesichtshälfte nicht mehr richtig kontrollieren.

Puh, meine Achtung vor dieser Frau steigt. Mein Blick fällt auf den Kleiderständer, auf dem sie ihre Waren präsentiert. T-Shirts und Pullis in auffälligen Farben. Ein paar leichte Sommerröcke. Ein paar Flip-Flops. Kein teurer Designer-Schnickschnack, sondern gut aussehende Kleidung für den Alltag. Die findige Geschäftsfrau will ihre Kundinnen und Kunden zufriedenstellen. Und auf diese Weise den Lebensunterhalt sichern. Für sich. Und für Juan.

Dass sie überhaupt Geld verdienen kann, verdanke sie der *Hoffnungsträger Stiftung*, erklärt Paula mir. Denn die hat ihr einen Mikrokredit gegeben. Eine überschaubare Summe, mit der sie aber ihren eigenen Kleiderverkauf starten konnte. Monat für Monat zahlt Paula den Kredit in kleinen Raten ab, berichtet Sozialarbeiter José Carlos. Und kann sich gerade noch wehren, als Paula ihm während unseres Gesprächs ein besonders schönes T-Shirt aufschwatzen will, das ihm ganz bestimmt hervorragend stehen würde.

Rund vier Jahre schon werden Juan und seine Mutter Paula von *Prison Fellowship Kolumbien* und den *Hoffnungsträgern* aus Deutschland unterstützt. Paula lächelt und bittet mich, all die Menschen in Deutschland zu grüßen, die Geld spenden für Kleinunternehmer wie sie oder für Kinder wie ihren Juan. „Ihr gebt uns und unseren Kindern Hoffnung", sagt sie in geradezu feierlichem Ton. „Eure Hilfe ist für uns ein Segen."

Wir verabschieden uns in einer langen Zeremonie mit Umarmungen, vielen Dankeschöns und noch mehr guten Wünschen. Juan und seine Mutter Paula winken uns noch nach, als unser Taxi sich zwischen geparkten Autos und Mülltonnen die schmale Straße nach unten durchkämpft.

Ein paar Straßen bergab, ein paar nach rechts, wieder ein bisschen hoch, ein bisschen runter. In dem Wirrwarr verliere ich bald die Orientierung. Der Taxifahrer nicht. Schon nach ein paar Minuten hält er an und lässt uns aussteigen. Wir landen vor einem schmalen Hauseingang. Hier leben Yaneth Castro und ihr Sohn Emanuel. Und etliche weitere Verwandte.

Als wir in den schmalen Hauseingang der Castros treten und eine Treppe nach oben gehen, empfängt uns ein kunterbuntes Durcheinander. Im Begrüßungskomitee ist fast jedes Lebensalter vertreten: von der schwerhörigen Oma bis zur Urenkelin, die gerade laufen lernt. Yaneth, die ich auf Mitte vierzig schätze, begrüßt uns überschwänglich. Bittet uns, in einer Ecke Platz zu nehmen. Und versucht uns, die gesamte Familie vorzustellen: ihre alte Mutter, ihre eigenen drei Kinder, darunter Emanuel, der als Patenkind von *Prison Fellowship* unterstützt wird. Dann ihre zwei Enkelkinder, von denen eins eine deutlich erkennbare geistige Einschränkung hat. Yaneths Tochter, Mutter einiger der Kinder, taucht nicht auf, dafür noch irgendwelche Nichten, Neffen, Nachbarskinder – ich verliere den Überblick, bevor ich ihn habe finden können. Eins aber fällt mir sofort ins Auge: Männer scheint es in dieser Familie nicht zu geben.

Satz für Satz erfahre ich von Yaneth die herausfordernden Fakten ihres Lebens: Sie allein versorgt acht Personen in diesem Haushalt. Sie tut das, in dem sie Empanadas, also gefüllte Teigtaschen, und andere Mahlzeiten an einem kleinen Stand in der Nähe der Kirche verkauft. So ganz beiläufig verrät mir Yaneth: Emanuels Vater kümmert sich kaum um seine Familie. Schickt nur sehr selten etwas Geld, wenn er mal einen Job gefunden hat.

Bis vor Kurzem hat die tapfere Yaneth noch vier weitere Kinder durchgefüttert – die Kinder ihrer beiden Schwestern. Denn die hatten sich mit dem Gesetz angelegt und mussten nacheinander beide ins Gefängnis. Yaneth fackelte nicht lange, sondern brachte in der ohnehin schon stark überbelegten Wohnung einfach noch ein paar kleine Esser mehr unter.

Auch für Yaneth sind die Zuwendungen durch die Patenschaften ein Segen. Auch Yaneth ist durch einen Mikrokredit zur Kleinunternehmerin geworden. Stolz berichtet sie mir, dass sie den Kredit für ihren Herd bis auf den letzten Cent zurückbezahlt hat. Und weil sie fleißig und regelmäßig ihre Empanadas zubereitet und offensichtlich auch vom Kochen und vom

Würzen einiges versteht, konnte sie ihrem dreizehnjährigen Sohn Emanuel zwei Herzenswünsche zusammensparen: einen Basketball. Und dazu ein Paar „echte" Basketballschuhe.

Yaneth schickt ihren Dreizehnjährigen los, er soll Ball und Schuhe holen und vorzeigen. Ein wenig unwillig gehorcht er der Mutter. Mit einer Geste, für die ich keine Übersetzung brauche. Doch dann kehrt er zurück und präsentiert voller Stolz seine „Schätze". Sozialarbeiter José Carlos freut sich mit und begutachtet die riesig großen, schon ziemlich ausgelatschten Basketballtreter. „José gehört inzwischen zur Familie", flötet Yaneth. „Auf ihn können wir uns verlassen. Wir können ihn jederzeit anrufen, wenn's mal irgendwo brennt. Wir sind so dankbar, dass wir ihn und diese Hilfe haben."

Noch einmal wechseln wir das Stadtviertel. Landen diesmal bei Sandra. Die wohnt nicht in einem winzigen Verschlag. Sondern in einem etwas schmuddeligen Hochhaus mit schätzungsweise fünfundzwanzig Stockwerken und Dutzenden von kleinen Wohnungen.

Wir betreten Sandras Apartment. Platz ist hier kaum: Alles ist vollgestopft. Nicht mit Möbeln, sondern mit zwei Nähmaschinen und unzähligen Ballen von Stoff. Per Heimarbeit verdient Sandra sich den Lebensunterhalt. Ich höre: Sie muss nicht nur sich selbst durchbringen, sondern auch noch ihre drei Enkelkinder: Dominic, sechs Jahre. Kevin, vier Jahre. Maylin, zwei Jahre. Alle drei leben sie seit der Geburt bei ihrer Oma. Die Mutter der Kinder tauge nichts, berichtet Sandra mit heiserer Stimme. Und die Männer, von denen sie die Kinder hat, die taugten noch weniger. Dann nuschelt Sandra ein wenig und mag nicht recht weitererzählen. Aber ich verstehe doch so viel: Drogen sind im Spiel. Gewalt. Kriminalität. Einer der Väter sitzt nicht weit weg von Sandras Wohnung im Knast. Um seine Kinder kümmert er sich nicht die Bohne.

„Ich werde den Rest meines Lebens für meine Enkel da sein, da sein müssen", sagt Sandra und richtet sich auf. Die Arme hat sich ein paar Wochen vor meinem Besuch das Bein gebrochen. Ausgerechnet, als sie die Geburtstagstorte für eins der Enkelkinder zum Esstisch tragen wollte. Sie stolperte. Um die Party zu retten, hielt sie die Torte schützend hoch – und brach sich dabei unglücklich das Bein.

Aus Sandras Augen kullert eine Träne. „Die Kinder sollen zur Schule gehen und dort so viel wie möglich lernen. Bildung ist doch der Schlüssel zur Zukunft, nur so können sie aus der Armut herauskommen. Ich selbst war nur fünf Jahre in der Schule, hab dann gelernt, mit der Nähmaschine umzugehen. Als Schneiderin verdiene ich nicht viel, aber ich kann uns ernähren."

Sandras Enkelkinder sind alle seit einigen Monaten Teil eines Patenschaftsprogramms. Sandra kann sich schon gar nicht mehr vorstellen, wie sie die Jahre vorher ohne Unterstützung geschafft hat.

Als wir uns verabschieden, fängt Sandra noch einmal an zu weinen. Berichtet davon, dass sie es durch ihr gebrochenes Bein kaum schaffen wird, die nächste Rate für ihre Wohnung fristgerecht abzubezahlen. Dass Kita-Besuch und Essen für die Kinder jeden Monat so viel Geld verschlingen. Dass sie oft nicht mehr weiterweiß.

Doch gerade, als ich damit rechne, dass sie um Geld bittet – was ich in der Lage natürlich verstehen könnte –, rückt Sandra mit ihrer eigenlichen Bitte heraus. „Bitte betet für mich und die Kinder!", schluchzt sie. Genauso, wie ein paar Stunden vorher Paula uns beim Abschied gebeten hatte. „Bitte betet für Juan und mich."

Beeindruckend.

Die tapferen Frauen, die ich heute getroffen habe, brauchen und schätzen alle nicht nur die finanzielle und persönliche Hil-

Impressionen aus Granada (Kap. 4): Versöhnungsexperte Jorge (oben links), Stifter und Motor Tobias Merckle (oben rechts als Spontankellner)

Eine ganze Wand im „Salon de nunca mas" erinnert an die Einwohner von Granada, die während der blutigen Jahre umgebracht wurden oder verschwunden sind. In der Gruppe vor der Wand Barbara (ganz links), Jorge (vierter von links), neben ihm Gloria und Tobias Merckle, ganz rechts der Autor.

Alltag im Leonberger Seehaus
Oben: Peter und Santoro bei der Arbeit mit Holz

Familientreffen von Baders (Kap. 8) und Ludwigs (Kap. 5) mit einigen
Seehaus-Jungs

Oben: Gunnar (Kap. 7)
bei einer Wanderung

Rechts: Santoro (Kap. 17)
als verantwortlicher Babysitter

Abendessen bei
Familie Bader
(Kap. 8)

In einem Hoffnungs-
haus leben geflüchtete
und einheimische
Menschen gemeinsam
unter einem Dach:
Familien, Paare und
Alleinstehende.

Das Ziel der Hoffnungsträger Stiftung ist es, dass geflüchtete Menschen nicht am Rande der Gesellschaft leben, sondern ein Teil von ihr werden.

Alyaa (Kap. 7) bei der Verleihung des Integrationspreises Baden-Württemberg

Angelika und Thomas Röhm (Kap. 14) leiten den Bereich der Hoffnungshäuser und leben selbst mit ihrer Familie in einem Hoffnungshaus.

Oben und unten: Kinder, die durch Paten der Hoffnungsträger Stiftung unterstützt werden

Emanuel ist stolz auf seinen Basketball (Kap. 10)

Der Autor mit Juan und Paula (Kap. 10)

Sandra kämpft, um ihren Enkelkindern Zukunft zu ermöglichen.

Kämpfer auch in schwierigem Gelände: Sedin (Kap. 11) bei einer Bergtour

Morgenrunde im Seehaus: Informationen, Andacht, Gebet – und persönliche Begrüßung jedes Einzelnen aus der Gemeinschaft

Rechts: Zusammenhalten und gemeinsame Erfolge erleben: Gerade beim Sport können die Seehaus-Jungs das ganz praktisch erleben.

Das Seehaus in Leonberg

Das Seehaus in Leipzig

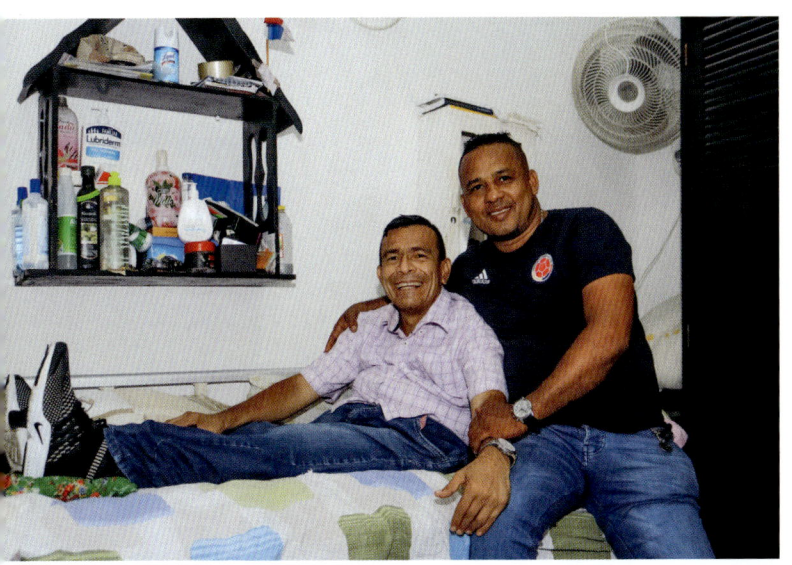

Oben: Eine einzigartige Männerfreundschaft: Sofanor und José (Kap. 13)

Links: Jenny und der Autor (Kap. 16) vor dem Gefängnis in Barranquilla

Unten: Nach dem Interview mit Pastor Nehemia (Kap. 16), der einst als Paramiltär-Kommandant Angst und Schrecken verbreitete (von links Nehemia, der Autor, Jenny und Tobias Merckle)

Die leidgeprüften
Frauen von den
Palafitos (Kap. 16)

Das zerschossene Auge der
Marienstatue erinnert an die
Schrecken der Vergangenheit.

Massaker in Nueva Venecia am 22.11.2000, befehligt von Nehemia:
39 Fischer wurden umgebracht.

Albtraum Bellavista:
Eindrücke aus dem
Gefängnis, in dem viele
Männer ohne Verfahren
und Urteil viele Jahre
verbringen müssen
(Kap. 18)

Waffenübergabe in
Bellavista-Gefängn
Die Bandenmitglie
der übergeben ihre
Waffen an Lácides
Hernández und
Tobias Merckle.

Heute Rechtsanwalt, einst Kopf einer Killerbande: Rober, hier mit Tobias Merckle (Kap. 18)

Bruderschaft hinter Gittern: Der Autor mit „Pastor" Edwin

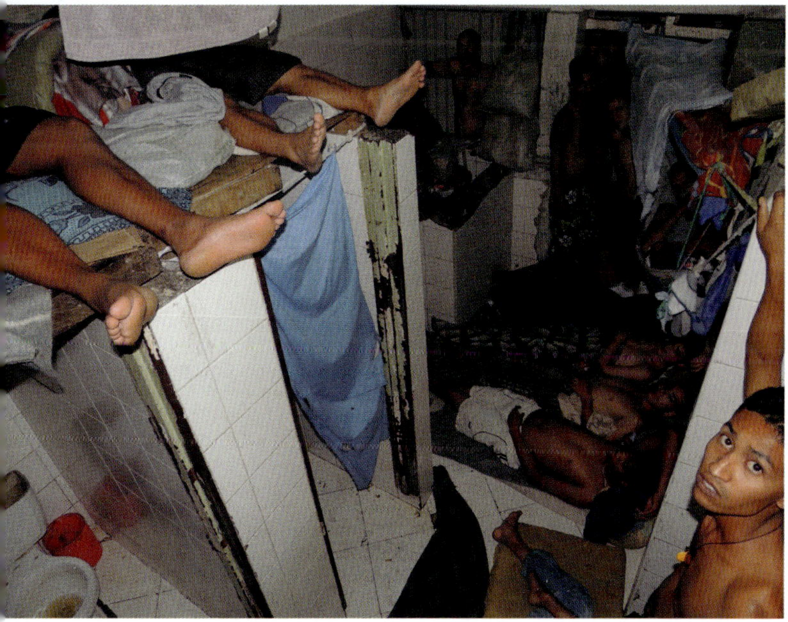

Den Kindern von Gefangenen wird ermöglicht, am gesellschaftlichen Leben teilzunehmen.

Tobias Merckle bei der Renovierung einer Kirche im Dorf der Versöhnung in San Francisco, Antioquia

fe. Sie setzen auch ganz darauf, dass Gott selbst sie im Blick hat. Und ihnen beisteht im tagtäglichen Kampf für ihre Kinder und Enkelkinder. Kinder, die für ihre armselige Lage nicht das Geringste können. Kinder, die es sonst büßen müssten, dass ihre Väter nicht für sie da sind, weil sie im Gefängnis eine Strafe abzubüßen haben.

11.

Der Beschützer –
Sedin

Ein selbst gedrehtes Musikvideo bei YouTube. „Hier drin werden wir krank", rappen Sedin und Ouce zu einem treibenden Beat und einer melancholisch klingende Melodielinie. Schnell begreife ich: Die beiden singen vom Knast. Vom Jugendstrafvollzug. Vom Leben hinter Gittern. Und sie wissen beide ganz genau, wie sich das Leben dort anfühlt:

„*Die Zellen sind eng,*
die Regeln sind streng,
den ganzen Tag nur dumm im Bett rumhängn."

Das Ende vom Lied ist nachvollziehbar: „*Hier drin werden wir krank*", rappen die beiden und sie klagen: „*Ich will raus. Ja, Bruder, ich will raus.*"

Doch die zwei jugendlichen Rapper um die zwanzig beklagen sich nicht nur, sie beweisen auch eine erstaunliche Menge Selbstkritik:

„*Familie enttäuscht, Leben versaut,*
mein Weg war falsch,
hab mir vieles verbaut."
(Quelle: https://www.youtube.com/watch?v=_jdmqZTTXTg)

Nicht die anderen sind schuld dran, dass ich im Gefängnis gelandet bin. Nicht die Polizisten, nicht der Richter, nicht die Gesellschaft.

„*Ich selbst* hab mir vieles verbaut", singen und rappen die zwei.

Als mir einer dieser beiden auf einer Bank im *Seehaus*-Garten gegenübersitzt, kann ich erleben, dass er wirklich nachdenkt über sich selbst. Und über die Verantwortung, die er für sein Leben trägt.

Sedin ist *Löwe*. In der *Seehaus*-Hierarchie hat er sich ganz nach oben gekämpft: vom Neuling zum *Leo-Anwärter*. Vom *Leo-Anwärter* zum *Leo*. Und so weiter – bis zur höchsten Stufe, zum *Löwen*. Nicht mit seinen Fäusten, sondern mit Fleiß und Disziplin hat er es dahin geschafft. Hat sich an die Regeln gehalten. War pünktlich. Höflich. Freundlich. Zuverlässig. Und genießt jetzt entsprechend Privilegien und Freiheiten:

Er darf als *Löwe* mehr telefonieren als die anderen. Kann sich frei auf dem *Seehaus*-Gelände bewegen. Darf mehr Besuch empfangen. Und einmal im Monat ein Wochenende nach Hause, auch wenn dort kein „heiles Familienleben" auf ihn wartet. Wohlgemerkt: all das während seiner regulären Haftzeit.

Sedin ist stolz auf das, was er geschafft hat. In der Schule kam er vor seiner Zeit im *Seehaus* nie richtig klar. Hier in der praktischen „Lebensschule" aber holt er vieles nach, was er in seiner Kindheit nicht lernen konnte. Er erfährt: Es lohnt sich, sich an die Regeln zu halten, die für das Zusammenleben gelten. Es lohnt sich dranzubleiben. Pünktlich zu sein. Fleißig. Es lohnt sich, nach einem Misserfolg aufzustehen und einen Neuanfang zu wagen.

Ganz allmählich hat Sedin sich durch solche Erfahrungen verändert. Er ist reifer geworden, selbstständiger, verantwortlicher, als er es je in seinem jungen Leben sein konnte.

Was ein richtiges Zuhause ist, hat Sedin nie erlebt. Als ich mich nach seiner Herkunftsfamilie erkundige, beginnt er ohne zu zögern zu erzählen. Meinem Blick weicht er dabei nicht aus. Berichtet, wie seine Mutter sich vom Stiefvater trennte, als Sedin neun Jahre jung war. Wie sie aus Verzweiflung ihr Geld für Alkohol ausgab. Schlimm krank wurde. Wie er Geld aus ihrer Börse klauen musste, um sich und seiner dreijährigen Schwester etwas zu Essen zu besorgen.

Als die Mutter kein Geld mehr hatte, klaute er anderswo.

In Läden. Bei Freunden. Bei wildfremden Menschen. Alles für A., die kleine Schwester.

Ihren Namen hat er sich in großen Buchstaben auf die Innenseite des rechten Armes tätowieren lassen. „Familie ist mir sehr wichtig", erklärt Sedin mir. „An Nummer 1 kommt für mich meine Schwester. Dann erst meine Mutter."

„Der Beschützer", so die Bedeutung seines Namens Sedin. Tatsächlich wollte und will er seine Schwester mit allen Kräften schützen vor den Härten des Lebens. Doch das wurde schwer, als seine A. zu einer Pflegefamilie kam. Und er ins Kinderheim.

Sedin hatte sich ans Klauen gewöhnt. Bediente sich bei den Sachen der anderen Kinder. Räumte die Kinderheimkasse aus. Wurde erwischt und ins nächste Kinderheim überwiesen. Stahl weiter. Und landete nach einer ganzen Reihe von Diebstählen zum ersten Mal in seinem Leben im Gefängnis. Mit fünfzehn.

„Das Gefängnis ist die beste Schule für Straftäter. Und ich bin dafür das beste Beispiel" sagt der sympathische junge Mann mit den sorgfältig nach hinten gegelten Haaren und dem gepflegten Vollbart. „Als Dieb kam ich ins Gefängnis – als Einbrecher kam ich raus. Nach mehreren Einbrüchen kam ich als Einbrecher wieder ins Gefängnis und als Drogendealer wieder raus."

Mit Anfang zwanzig war Sedin bereits zu unfassbaren acht Jahren Haft verurteilt, unter anderem wegen organisierter

Bandenkriminalität. Dutzende von Einbrüchen hatten er und seine „Kollegen" auf dem Kerbholz.

Fünf Jahre von seiner Haftstrafe saß Sedin in verschiedenen baden-württembergischen Haftanstalten ab. Er weiß also genau, wovon er spricht, als er seinen Rap textet: *„Hier drin werden wir krank."* Das hat er in aller Härte erlebt. Jetzt will er unbedingt gesund werden.

Im *Seehaus* erhält er die Chance dazu. Mit der Disziplin tut er sich zunächst schwer. Erst fällt es ihm nicht leicht, die christlichen Werte zu akzeptieren, die im *Seehaus* gelten. Aber er spürt schnell, dass er als Moslem voll anerkannt ist. Dass seine Art zu glauben respektiert wird. Er bekommt einen Koran – und liest zum ersten Mal in seinem Leben darin.

Mit großem Engagement verfolgt Sedin sein wichtiges Ziel: Er will raus aus dem Gefängnis. Will auf eigenen Beinen landen. Und will nach langer Pause endlich seine Schwester wiedersehen. Sie beschützen. Sie unterstützen. Darum strengt Sedin sich an, gibt alles, findet sich auch in die Regeln ein, die er zunächst nicht einsieht.

Als *Löwe* wird Sedin entlassen. Als einer, der sich ganz nach oben gearbeitet hat. Er kann eine Ausbildung in einem Metallberuf beginnen. Zusätzlich will er bei einem Outlet als Verkäufer jobben und Geld verdienen. Eine Wohnung hat er auch so gut wie sicher. Mit der neuen Freiheit will er verantwortlich umgehen – schon A. zuliebe.

Eins hat Sedin sich besonders vorgenommen: Er will bei Menschen um Entschuldigung bitten, denen er mit seinen Straftaten geschadet hat. „Täter-Opfer-Ausgleich" – dieser Fachausdruck für Spezialisten ist dem jungen Mann ein tiefes Anliegen.

Nachdenklich sagt er mir: „Bei einer Straftat macht man

sich keine Gedanken darüber, was man dem Opfer antut." In der Zeit im *Seehaus* hat Sedin damit begonnen, sich genau diese Gedanken zu machen.

Doch leider scheinen seine Überlegungen noch nicht für einen gelungenen Neustart auszureichen. Wie ich erfahre, wird Sedin schon kurz nach seiner Zeit im *Seehaus* rückfällig. Landet wieder in Haft. Jetzt heißt es für ihn erneut: *„Ich will raus. Ja, Bruder, ich will raus."*

12.

Niemand nimmt mir mein Lächeln –

Im *Seehaus* öffnen Opfer von Verbrechen Tätern die Augen

Wie gut tut es, endlich mal zu erzählen! Zu spüren: Da hört mir jemand zu. Da werde ich mal nicht beurteilt. Und schon gar nicht verurteilt. Sondern da werde ich ernst genommen. Verstanden. Getröstet.

Elsa Reichert heißt in Wirklichkeit anders. Aus Sicherheitsgründen gibt sie sich diesen Namen für dieses Buch: damit sie ihre Geschichte so frei und so offen erzählen kann, wie sie erzählt werden muss. Und das – so scheint mir – tut der sympathischen Frau richtig gut.

Elsa ist eine attraktive Pädagogin um die vierzig mit einem hinreißenden Lächeln. Ihr sicheres Auftreten fällt mir auf. Und ihre von Anfang an offene, vertrauensvolle Art. Nach wenigen Minuten des Vorstellens fängt sie an zu berichten.

Das Leiden dieser fröhlichen Frau beginnt ausgerechnet in der Adventszeit, am 1. Dezember 2018. Ihr Ex-Mann schaut vorbei in dem Haus, das sie früher gemeinsam bewohnt haben. Elsa fürchtet sich vor ihm. Weiß um seinen Jähzorn. Seine manchmal sprunghafte, unbeherrschte Art. Hat genau im Ohr, wie oft er sie bedroht hat, nachdem sie die Scheidung einreichte. Fix und fertigmachen werde er sie. In den Rollstuhl prügeln.

Seit solchen Sprüchen hält sie bewusst ein paar Meter Abstand, wenn sie ihm begegnen muss. Obwohl sie bereits seit fünf Jahren von diesem Mann geschieden ist. Obwohl sie ihn eigentlich nur noch dann zu sehen bekommt, wenn es um den gemeinsamen Sohn geht.

Elsa ist eigentlich vorsichtig. Auf der Hut. Nach unzähligen massiven Drohungen hat sie durchsetzen können, dass ihr Ex-Mann ihr Haus nicht mehr betreten darf. Aber diesen brutalen Angriff am 1. Dezember ahnt sie nicht voraus.

Ihr Ex steht erst in der Tür des Hauses. Diskutiert und streitet mit ihr. Beschimpft sie. Und springt dann plötzlich auf sie zu. Packt den Schal, den sie um den Hals hat. Und würgt. Würgt. Würgt. Lässt nicht los, während Elsa in Panik nach Atem ringt.

Der Mann ist stark und spielt diese körperliche Überlegenheit aus. Todesangst packt Elsa. „Verlass mein Haus", presst sie mit letzter Kraft hervor. Dann spürt sie einen heftigen Schlag. Mit der Faust auf ihren Hals. Sie kippt nach hinten. Der Schal, den der Mann immer noch festhält, zieht sich fest um ihren Hals zu. Noch einmal. Und noch ein drittes Mal. Dann erst lässt der Mann los. Und verschwindet.

Elsa steht unter Schock. Muss sich erst einigermaßen berappeln. Ruft dann eine Freundin zu Hilfe. Wird von ihr zur Polizei begleitet. Dort empfiehlt man ihr dringend, sofort zum Arzt zu gehen. Doch Elsa lehnt das ab. Elsa will tapfer sein. Will die Zähne zusammenbeißen. Will sich nichts anmerken lassen. Ein riesengroßer Fehler, wie sich später herausstellt.

„Eigentlich bin ich eine starke Frau", sagt Elsa. Und genauso wirkt sie auch auf mich. Stark. Souverän. In sich ruhend.

Doch von all diesen Eigenschaften war damals offensichtlich nicht mehr viel zu spüren: „Mit dieser Situation konnte ich nicht umgehen", seufzt Elsa heute kleinlaut.

Zunächst versucht sie, das Geschehene zu verdrängen. Äußerlich ist außer einer Schwellung und einigen Rötungen nicht viel von ihren Verletzungen zu sehen. Erst nach Tagen spürt Elsa immer heftigere Schmerzen im Kiefer und in den Ohren. Ihr Genick wird steif. Sie kann sich kaum noch bewegen.

Als sie es wirklich nicht mehr aushält, geht sie zum Arzt. Endlich. Doch der kann jetzt nicht mehr eindeutig feststellen, dass ihre Beschwerden direkte Folgen des Überfalls sind. Im Krankenhaus wird sie genauestens untersucht. Ergebnis: ein Bandscheibenvorfall im Bereich der Halswirbelsäule. Eine monatelange Leidenszeit beginnt – mit großen Schmerzen. Mit heftigen finanziellen Verlusten. Und mit gewaltigen psychischen Belastungen.

Elsa zeigt ihren Ex-Mann an. Doch der streitet alles ab. Aussage steht gegen Aussage. Elsa kann keine Zeugen benennen, die ihre schlimme Erfahrung bestätigen würden. Eine schlechte Ausgangslage vor Gericht.

Als Elsa mir davon berichtet, fließen plötzlich die Tränen. Ihre Stimme bricht, wird leiser. Die starke, eben noch beherrschte Frau erinnert sich, wie sie sich zum zweiten Mal gedemütigt und tief verletzt fühlte. Es ist offensichtlich, wie sie auch ein Jahr später noch schwer unter dieser Erfahrung leidet.

Als sie nicht mehr weiterweiß, erinnert sie sich an eine Liste mit hilfreichen Telefonnummern, die sie von der Polizei bekommen hat. Sie greift zum Hörer. Bekommt einen guten Tipp. Und landet nach wenigen Tagen Wartezeit zum Gespräch im *Seehaus* in Leonberg. Zum Glück.

Elsas Blick hellt sich auf, als sie darauf zu sprechen kommt. „Innerhalb von nur einer Woche hab ich im *Seehaus* einen Termin gekriegt. Und diese Hilfe dort hat mir sehr, sehr gutgetan!"

Elsa trifft sich mit *Seehaus*-Mitarbeiterin Ingrid Steck. Ingrid leitet die Opfer-Hilfe im *Seehaus*. Sie ist eine Expertin, die weiß, was Verbrechensopfer brauchen. Bei ihr kann sich Elsa ihre Erfahrungen „von der Seele reden", wie Elsa selbst es nennt. Sie kann das herauslassen, was noch so unheilvoll in ihr rumort. Sie erlebt diese Gespräche wie ein Ventil, durch das sie Druck ablassen kann. Endlich.

Aber damit nicht genug: Elsa bekommt zusätzliche Hilfe, praktische Hilfe. Bekommt Antworten auf drängende Fragen: Wie gehe ich künftig um mit meiner Angst? Wie kann ich mich selbst besser schützen?

Immer noch hat Elsa panische Angst vor dem Mann, der so brutal mit ihr umgegangen ist. Monatelang hat sie die Bilder der Tat vor Augen, wenn sie ihr Haus betritt. Sie lässt Alarmanlage und Sicherheitsschloss installieren. Schließt sich nachts in ihr Schlafzimmer ein. Vor lauter Angst kann sie keinen Schal mehr tragen – auch ein Jahr nach der Tat fällt ihr das noch ausgesprochen schwer.

Aber Elsa bleibt tapfer. Sie erzählt mir: „Ich hab mir damals geschworen: Niemand schafft es, mir mein Lächeln zu nehmen."

Die Vorstellung aber, bei einem Prozess mit dem Täter in einem Raum zusammensitzen zu müssen, ist für Elsa nicht auszuhalten. Sie kann deshalb kaum glauben, was *Seehaus*-Mitarbeiterin Ingrid ihr anbietet: „Falls es zu einem Prozess kommen sollte, begleite ich Sie. Der Anwalt sieht dann danach, dass alle rechtlichen Fragen gut gelöst werden. Ich sehe danach, dass es *Ihnen* gut geht."

Elsa strahlt. Das Angebot ist für sie wertvoller als ein Sechser im Lotto.

„Diese Worte haben mir unglaublich gutgetan", sprudelt sie heraus. „Da schaut endlich jemand danach, dass ich nicht weiter kleingemacht werde, dass ich nicht weiter als Lügnerin dargestellt werde. Das hat mich immens gestärkt."

Zu einem Prozess kommt es nicht, leider. Elsas Anzeige wird abgeschmettert. Eine schmerzliche Niederlage für sie, eine weitere Demütigung. Wie gut, dass sie aufgefangen wird durch die Gespräche im *Seehaus*. Alle zwei, drei Wochen kommt sie hierher zu Ingrid Steck. Genauso oft, wie Elsa es gerne möchte.

Durch ihre gesundheitlichen Einschränkungen ist sie finanziell arg in Bedrängnis geraten. Umso dankbarer ist sie dafür, dass sie für die Gespräche nichts zahlen muss. Das *Seehaus* trägt sich durch Spenden, erfährt Elsa. Und jubelt innerlich. In ihrer jetzigen Lage ist ihr das eine große Hilfe. Sie könnte einfach kein Geld aufbringen für Therapie oder Coaching.

Aber Elsa nimmt sich vor: Wenn es mir besser geht und ich finanziell wieder Land sehe, dann werde ich mich mit einer Spende bedanken. Damit auch andere Opfer solch eine Hilfe erleben können wie ich.

Durch die Gespräche mit Ingrid Steck findet Elsa immer mehr zurück zu sich selbst. Zu einem neuen Selbstbewusstsein. Zu Sicherheit und Souveränität. Endlich hört sie auf damit, sich selbst die Schuld zu geben. Sich zu quälen mit Fragen wie: Warum habe ich damals nicht besser aufgepasst? Warum hab ich die Situation so eskalieren lassen? Warum bin ich nicht sofort zum Arzt gegangen?

Elsa kämpft nicht länger gegen sich selbst. Immer mehr nimmt sie ihr Leben wieder in die Hand. Sucht und findet einen neuen Weg. Zieht aus dem Haus aus, in dem sie so viel

Leid erlebt hat. Verlässt das Dorf, in dem sie aufgewachsen ist und in dem ihr Ex bis heute lebt. Kann sich sogar auf eine neue Beziehung einlassen. Freut sich über eine neue Wohnung und eine neue Arbeitsstelle.

Nach vier, fünf Monaten und etlichen Gesprächen ist es eines Tages so weit: Elsa kündigt Ingrid Steck an: „Heute brauch ich zum letzten Mal ein Gespräch hier im *Seehaus*.“ Elsa wird von jetzt an alleine zurechtkommen. Gut zurechtkommen.

Elsa erzählt mir fröhlich von diesem Tag. Sie strahlt Ruhe und Zufriedenheit aus. Und ich kann mich einfach nur mitfreuen: „Die Gespräche im *Seehaus* waren ein Gottesgeschenk für mich“, erzählt Elsa. „Sie haben mich ermutigt und wieder stark gemacht.“

Doch gerade, als Elsa sich vom *Seehaus* verabschieden will, beginnt ein neues Kapitel:

Ingrid bietet ihr an, sich am „OTG“ zu beteiligen. Diese Abkürzung – so erfährt Elsa – steht für „Opfer und Täter im Gespräch“. Als Abschluss ihrer Begleitung im *Seehaus* könnte Elsa sich dabei einlassen auf eine Begegnung mit Tätern.

Erstaunlicherweise stimmt sie sofort zu. Sie begreift: Diese Begegnungen könnten auch für sie selbst wertvoll sein. Und so findet sie sich einige Monate später in einem Raum des *Seehauses* wieder. Außer ihr sind fünf weitere Frauen gekommen. Alle Opfer von Gewalt, Übergriffen, Einbrüchen. Bei manchen ist die Tat schon eine Weile her. Bei anderen – wie bei Elsa – noch nicht einmal ein Jahr. „Manche von uns hatten die Tat schon ganz gut verarbeitet“, erinnert sich Elsa. „Bei mir war alles noch recht frisch. Entsprechend emotional war es für mich, darüber zu sprechen.“

Die Frauen treffen beim OTG zusammen mit fünf jugendlichen Strafgefangenen. Mit *Seehaus*-Jungs, die hier ihre Haftstrafen absitzen. Elsa berichtet, dass zwei Mitarbeiterinnen vom *Seehaus* das Gespräch hervorragend vorbereitet und geführt hätten: Der Raum ist gemütlich eingerichtet. Stühle stehen in einem Kreis. Namensschilder darauf. Immer eine Frau – also ein Opfer – soll neben einem jungen Mann sitzen, einem Täter.

Mit behutsamen Kommunikations-Spielen lernt man einander kennen. Hört dann gemeinsam auf eine Szene aus der Bibel, die auch mit Opfern und Tätern zu tun hat. Zum Beispiel die vom raffgierigen Zöllner Zachäus (Lukas 19,1-10). Der lügt und betrügt und haut die Leute übers Ohr. Jesus besucht ihn trotzdem zu Hause. Und löst in dem Zöllner einen Prozess der Reue aus: Zachäus bringt den Schaden wieder in Ordnung, den er angerichtet hat. Gibt viel mehr zurück als das, was er sich unrechtmäßig angeeignet hat. Über solche eindrücklichen Szenen kommen Opfer und Täter ganz vorsichtig ins Gespräch. Irgendwann berichtet man einander im Zweiergespräch von persönlichen Erfahrungen.

Elsa weiß: Sie muss dabei nur das von sich preisgeben, was sie preisgeben möchte. Sie ist selbst dafür verantwortlich, sich zu schützen. Die *Seehaus*-Mitarbeiterinnen schaffen einen Raum der Wertschätzung und des Vertrauens. Und so kann sie offen und persönlich mit Menschen sprechen, die ihr vor ein paar Wochen noch wildfremd waren. „Mit der Zeit wurden die jungen Männer für mich wie Stellvertreter des eigentlichen Täters. Ich hab ihnen das gesagt, was ihm eigentlich gesagt werden müsste. Sie haben auch meine Wut zu spüren bekommen. Ich muss sagen: Mir hat das richtig gutgetan."

Elsa schmunzelt einen Moment lang. Erinnert sich sehr genau an eines der Gruppengespräche. Und an ihre Botschaft damals: „Hey Leute, schaut mal, was dieser eine Schlag alles bei mir ausgelöst hat. Ich will gar nicht wissen, was bei Menschen passiert, die wirklich schwer misshandelt worden sind, das will ich mir gar nicht vorstellen. Bei mir hat ein gezielter Schlag genügt. Dieser Schlag hat mein ganzes Leben verändert. Denkt daran. Redet mit euren Freunden darüber. Nehmt dieses Wissen mit nach draußen, wenn ihr das *Seehaus* verlasst."

Elsa ist überrascht darüber, was sie mit ihren Worten bei den *Seehaus*-Jungs auslöst. An den Gesichtern bemerkt sie, wie bestürzt die Jungs reagieren. Hört, dass sie sich bisher überhaupt keine Gedanken darüber gemacht haben, was sie anderen Menschen mit ihrer Straftat angetan haben.

Das Leben eines Menschen kann sich im wahrsten Sinne des Wortes mit einem Schlag dramatisch verändern – das war den Jungs bisher nicht bewusst. Jetzt erst haben sie es kapiert.

Mit etwas Abstand glaubt Elsa, dass diese Gespräche eine große Chance waren für die *Seehaus*-Jungs. Immerhin sechs Abende zwei Stunden lang waren sie mit Opfern zusammen. Haben deren Sicht der Dinge kennengelernt. Und auf sich wirken lassen. Das wird nicht spurlos an den Tätern vorübergehen, hofft Elsa.

Doch in der Rückschau sieht Elsa das OTG auch als Chance für sich selbst. Es hat ihr richtig gutgetan, das vor Tätern auszusprechen, was sie erlitten hat. Und sie hat durch die Gespräche auch etwas davon verstanden, was in Menschen vorgeht, die zuschlagen, rauben oder andere Straftaten begehen. „Alles in allem waren diese Gespräche zwar harte Arbeit für mich", bilanziert Elsa. „Aber eine sehr gute Erfahrung."

Wertvoller Höhepunkt für sie sei die allerletzte Gesprächsrunde gewesen, das Abschlussgespräch, sagt Elsa mir kurz vor ihrem Abschied. Dazu seien auch Freunde, Bekannte, Verwandte eingeladen gewesen. Sie selbst habe ihre Mutter mitgebracht, ihren neuen Lebenspartner und ihren damals fünfzehnjährigen Sohn.

Vor der größeren Runde hätten dann jedes Opfer und jeder Täter über die Gespräche berichtet. Und darüber, was er oder sie daraus gelernt hätten.

„Und dann, ganz am Ende, haben einige *Seehaus*-Jungs meinen Sohn geschnappt", berichtet mir Elsa. „Sie haben ihm von sich erzählt. Vom *Seehaus*. Vom Jugendknast. Und dann haben sie ihn gewarnt: ‚Pass bloß auf, dass du nie auf die schiefe Bahn kommst!'"

Am Ende seien Gespräche und Begegnungen im *Seehaus* eine große Chance für sie gewesen, betont Elsa noch einmal. Eine große Chance auch für einige der *Seehaus*-Jungs, die am OTG teilnehmen konnten. Und sogar eine einzigartige Chance für Elsas Sohn.

Mit diesen Worten bündelt Elsa noch einmal all das, was sie mir in ihrer lebendigen, freundlichen Art erzählt hat. Und dann lächelt sie. Das wunderbare Lächeln, das sie sich durch die schweren Zeiten hindurch niemals hat nehmen lassen.

13.

Freunde fürs Leben –
Wie aus einem schlimmen Verbrechen ein starkes Zeichen von Versöhnung möglich wird

Da sitzen sie also, die beiden Freunde. Die ziemlich besten Freunde, die man sich vorstellen kann. Deren Fotos ich schon in Deutschland gesehen habe. Deren unglaubliche Geschichte ich las und erzählt bekam. Es gibt sie also wirklich ... und heute lerne ich sie kennen: José und Sofanor. Den drahtigen Taxifahrer mit der dunklen Vergangenheit. Und den freundlichen Rollstuhlfahrer, den sein heutiger Freund fast umgebracht hätte. Und das mit voller Absicht.

Ich treffe das ungleiche Freundespaar in einem der zahlreichen Stadtviertel der lebendigen Küstenstadt Barranquilla in Kolumbien. Kreuz und quer sind wir zunächst unterwegs durch den lebhaften Straßenverkehr. Über mehrspurige, autobahnähnlich ausgebaute Straßen. Zwischen modernen Hochhäusern und großen Betonburgen hindurch. Mal links, mal rechts, dann wieder rechts. Gut, dass mein Taxifahrer die Stadt wie seine Westentasche kennt.

Mein Fahrer ist José. Taxifahren ist sein Beruf. Ich habe neben ihm auf dem Beifahrersitz Platz genommen und kann so den einen der beiden Freunde schon während der Anfahrt etwas kennenlernen.

Der ganze Kerl ist Energie. Ein Fahrer, der gleichzeitig lenken, hupen, telefonieren, einen Schluck Wasser trinken und mir die Gegend erklären kann. Ein gut aussehender, sonniger, dynamischer Typ. Mit kurzen Haaren und dunklem Teint. Mit knarrender lauter Stimme. Und noch lauterem Lachen. Mit stämmigen Armen und Beinen und einem durchtrainierten Körper.

Boxer sei er mal gewesen, erfahre ich so nebenbei. Ich könne ja mal versuchen, einen Boxhieb auf seinen Bauch zu setzen. Dann würde ich schon sehen, wie gut seine Bauchmuskeln trainiert sind, lacht José. Und bringt mich zielsicher weiter durch das Gewirr der Straßen. Ich schlage das Angebot aus, kann es mir gerade noch verkneifen, ihn während der Fahrt zu boxen. Bin ich doch angewiesen auf diesen netten Kerl, aus dem die Worte nur so herausprudeln.

Er bringt mich in ein Stadtviertel, das nicht so schmuck aussieht wie das Stadtzentrum, das wir schon hinter uns gelassen haben. Als wir unserem Ziel immer näher kommen, kann ich erkennen, dass José immer vorsichtiger wird. Seine Augen scannen die Straßen mit den geduckten Häusern, durch die wir fahren. Sehr genau beobachtet er jeden, der vor einem Haus sitzt, scheinbar beiläufig von einer Ecke aus den Autos zusieht oder zu Fuß durch dieses Stadtviertel unterwegs ist.

Dann wir sind vor dem kleinen Haus angekommen, in dem Sofanor lebt. José kennt sich hier bestens aus. Er ist oft hier, um seinen Freund zu besuchen. Um ihn abzuholen für eine Spazierfahrt. Oder für einen Arzttermin.

Per Telefon hat er unseren Besuch angemeldet. Doch trotzdem stehen wir erst einmal vor verschlossener Tür. Sowohl der Eingang als auch alle Fenster sind mit dicken Eisenstäben gesichert. Und zusätzlich mit Ketten und Vorhängeschlössern.

124

Hier in der Gegend wird so viel eingebrochen, sind Diebstahl und Drogengeschäfte, Raub und Erpressung, Mord und Totschlag an der Tagesordnung. Sofanor und seine Familie müssen sich zu Hause regelrecht verschanzen. Wie all ihre Nachbarn auch.

Nach ein paar Minuten Wartezeit kommt Sofanors Tochter und öffnet uns die Tür. Sie hat wohl hinten in einem Hof Wäsche aufgehängt und uns nicht gleich gehört. Ein paar Schritte noch, dann stehen wir in einem kleinen dunklen Raum vor einem einfachen Krankenhausbett. Gegenüber hängt ein Fernsehbildschirm an der Wand. Ein Tierfilm von *National Geographic* zeigt die Natur eines südamerikanischen Urwalds in prächtigen Farben. Hier drin aber sieht es kein bisschen prächtig aus. Die Menschen, die hier leben, haben nicht viel Geld zur Verfügung, das wird schnell deutlich.

Und doch strahlt uns Sofanor aus seinem Bett heraus an. Und José strahlt zurück. Die beiden begrüßen sich, als hätten sie sich lange nicht gesehen. Die Gesichter der beiden Freunde verwandeln den tristen Raum. Ich habe für einen kurzen Moment lang den Eindruck, eine Audienz in einem Palast miterleben zu dürfen.

Bevor Sofanor den Besuch aus der Ferne hinter José überhaupt richtig wahrnimmt, lässt er sich von seinem Freund in den Arm nehmen. Beide drücken sich lange und freundschaftlich. Ich spüre, wie viel die beiden Männer verbindet.

Doch das war nicht immer so.

Auf meine Bitte hin fängt Taxifahrer José an zu erzählen und holt weit aus. Dass er – ein Junge vom Dorf – als Jugendlicher zur Armee wollte, um Geld für sich und seine Familie zu verdienen. Dass er dort den Umgang mit Waffen und vieles mehr lernte. Aber sich nicht an die strenge Disziplin halten konnte.

Dass er deswegen unehrenhaft entlassen wurde und auf der Suche nach einem Job in der Großstadt Barranquilla landet. In der Nachbarschaft von Sofanor.

Ein Jugendlicher mit Hoffnungen und Träumen hat es in Kolumbien nicht leicht, einen Job zu finden. In Barranquilla wartet niemand auf José. Und so erinnert er sich an das, was er kann: kämpfen. Und er bietet seine Dienste als Bodyguard an. Eine gute Verdienstmöglichkeit in einer Welt voller Drogen, Diebstahl, Mord. Gemeinsam mit einer Truppe von Gleichgesinnten schwingt José sich zum „Bewacher" eines Stadtviertels auf. Wer hereinwill, legale oder illegale Geschäfte machen möchte, der muss José und seine Männer um Erlaubnis fragen. Und dafür bezahlen. Josés „Jungs" sind mit Knarren bewaffnet auf Motorrädern unterwegs. Wer sich ihnen widersetzt, hat schlechte Karten. Das weiß auch die Polizei und kommt José nicht in die Quere. Bittet ihn gelegentlich sogar darum, bestimmte Aufträge für sie zu übernehmen.

„Ich hatte damals keinerlei Gewissensbisse", erzählt José. „Ich bildete mir ein, meine Nachbarschaft hier wirklich zu beschützen. Außerdem verdiente ich gut in diesem Job. Aber ich war wirklich ziemlich skrupellos."

Sofanor wohnt damals schon in der Gegend. Die beiden Männer lernen sich kennen. Sind sich aber irgendwie nicht grün. Hier und da kommt es zu Auseinandersetzungen. José verprügelt Sofanor. Droht ihm an, ihn „kaltzumachen". Schlägt ihm mit einem Stein auf den Kopf. Warum José sich damals so an Sofanor stört? Auch bei mehreren Nachfragen bekomme ich das nicht heraus. Es scheint so zu sein, dass Sofanor damals einfach ein rotes Tuch ist für José.

Schließlich taucht da unglücklicherweise noch ein Neffe Sofanors auf, von dem José sich bedroht fühlt. Und schon nimmt das seinen Lauf, was das Leben von Sofanor fast ausgelöscht hätte. Und was heute zum Fundament der ungewöhnlichen Freundschaft gehört: Ausgerechnet an Sofanors Geburtstag schnappt José sich eine Waffe. Schaut noch mal kurz bei der Polizeiwache vorbei, damit von dieser Seite aus keine Störung zu erwarten ist. Marschiert zur Straße, in der Sofanor lebt. Baut sich vor der Tür auf. Lockt Sofanor nach draußen.

Dann schießt er.

Einmal.

Zweimal.

Dreimal.

Viermal.

Sofanor liegt auf den Boden. „Der steht nie wieder auf", denkt José. Lässt Sofanor in seinem Blut liegen und verschwindet.

Sofanors Leben hängt am seidenen Faden. Sein Rückenmark, seine Leber und weitere Organe sind stark geschädigt. Er muss eine ganze Reihe von Operationen über sich ergehen lassen. Das Gefühl in seinen Beinen kehrt nicht wieder. Er wird den Rest seines Lebens auf den Rollstuhl angewiesen sein. Geld verdienen für sich und seine Familie kann er nicht mehr. Er ist auf Hilfe angewiesen – und das in einem Land, das kein funktionierendes Sozialsystem kennt.

Das neue Leben von Sofanor besteht aus Schmerzen, Entbehrung, Geldmangel, Hass und Bitterkeit. „Meine gesamte Familie wollte Rache. Unser Hass war groß, weil dieser Typ mich in den Rollstuhl gebracht hatte", berichtet Sofanor mir Jahre später.

„Ich war schon dabei, die Rache konkret zu planen. Meine Freunde versprachen, mich dabei zu unterstützen. Jemand sagt mal zu mir: ‚Schau, da drüben läuft er. Soll ich dich hinbringen, dass du ihn erschießen kannst?' Aber Gott hielt mich zum

Glück davon ab zu töten. Er gab mir die Kraft, meinen Rachegefühlen nicht nachzugeben."

Ein Dreivierteljahr nach der Tat wird José geschnappt, vor Gericht gestellt und verurteilt. „Zum Glück konnten sie mir damals viele weitere Verbrechen nicht nachweisen", erzählt er. Aber dreizehn Jahre Haft in einem der harten Gefängnisse Kolumbiens sind auch für einen drahtigen Sportler wie José kein Pappenstiel.

Im Gefängnis fängt José an nachzudenken. Endlich. Und eines Tages bekommt er Besuch von Mitarbeitern der Gefangenenhilfsorganisation *Prison Fellowship*. Sie sprechen mit ihm offen über Schuld und Vergebung, Neuanfang und Versöhnung. Eines Tages bringen die *Prison Fellowship*-Leute ihren Chef mit zu José. Einen gewissen Lácides. Der fragt José ganz direkt: „Möchtest du ins Reine kommen mit dir und deiner Schuld? Möchtest du ein neuer Mensch werden? Möchtest du dein Leben neu beginnen? Jesus kann dir dabei helfen."

José sehnt sich nach dem, was Lácides ihm anbietet. Er wagt es teilzunehmen an einem Programm, bei dem Täter und Opfer miteinander ins Gespräch kommen. Durch die Begegnungen und Gespräche sieht er seine Verbrechen ganz allmählich in einem neuen Licht. Er beginnt zu bereuen. Sich irgendwann furchtbar zu schämen für das, was er anderen Menschen angetan hat. Besonders für das, was er Sofanor angetan hat. Schließlich bittet José Gott um Vergebung. Und irgendwann dann auch Sofanor.

Nach seiner Entlassung versucht er Kontakt mit Sofanor aufzunehmen. Lácides hilft ihm dabei. Bestätigt Sofanor, dem Opfer, dass José, der Täter, es ernst meint. Dass er bereut und um Entschuldigung bitten möchte. Leicht sind diese Gespräche nicht, aber Sofanor spürt: José hat sich verändert. Durch

Gottes Hilfe ist er tatsächlich ein neuer Mensch geworden. Und so vergibt er ihm. Und nimmt ihn freundschaftlich in den Arm. Trotz allem, was José ihm angetan hat.

Die Freunde wirken auf mich regelrecht erleichtert, als sie bis zu diesem Punkt erzählt haben. Ein bisschen wie große Jungs, die sich gerade an eine total verhauene Klassenarbeit erinnern und die jetzt froh sind, dass seitdem Jahre vergangen sind. Ihre Freude steckt mich an. Und doch sehe ich auch all das Elend, das bis heute bestehen bleibt: die Verhältnisse, in denen Sofanor leben muss. Seinen von der Hüfte abwärts gelähmten Körper. Den Urinbeutel, der neben dem Bett hängt. Die welke Haut. Die vielen Narben von Operationen, die Sofanor bis heute von Zeit zu Zeit über sich ergehen lassen muss.

Ich sitze gegenüber Sofanors Bett auf einem bedenklich schwankenden Plastikhocker. Sehe den beiden so besonders verbundenen Menschen zu. Bekomme eine Ahnung von ihrem einzigartigen Schicksal. Und kann mich nur freuen über die besondere Freundschaft zwischen den zwei heute so ungleichen Männern: dem quirligen Taxifahrer, der vor Kraft geradezu strotzt, und dem mageren Rollstuhlfahrer, der seinen Tag sitzend oder liegend verbringen muss und auf Hilfe angewiesen ist.

Diese Hilfe bekommt Sofanor seit der Versöhnung nicht nur von seiner Familie. Sondern sehr regelmäßig auch von José. Der fährt ihn als persönlicher Taxichauffeur in der Stadt herum und begleitet ihn zum Arzt. Freunde sind eben füreinander da. Ehrensache.

Seit einigen Jahren sind die beiden immer mal wieder gemeinsam „im Auftrag des Herrn" unterwegs. Denn beide engagieren sich inzwischen ehrenamtlich für *Prison Fellowship*. Fahren durchs Land und sprechen dort, wo man die Botschaft von der Versöhnung dringend braucht: in Gefängnissen oder Kirchengemeinden, in Schulen oder Jugendhäusern. Dort erzählen sie ihre gemeinsame Geschichte. Eine Geschichte, die mit Hass und Gewalt begann. Und die mit Liebe, Versöhnung und Freundschaft noch lange nicht am Ende ist. Gott sei Dank!

Ihre Botschaft an ihr zerrissenes Heimatland: Gebt dem Hass keine Chance. Vergesst die Rache. Geht aufeinander zu. Bittet einander um Entschuldigung. Vergebt einander. Lernt es zusammenzuleben. Jesus will euch Frieden, Versöhnung und Zukunft schenken.

Bevor es Zeit wird, mich zu verabschieden, bitte ich die beiden noch um ein Foto. Sie reagieren so, als hätten sie darauf schon gewartet. José in seinem blütenweißen T-Shirt postiert sich aufs Krankenbett neben seinen Freund Sofanor. Der hat ausgerechnet heute ein kohlschwarzes Shirt an – die beiden scheinen sich abgesprochen zu haben.

Ich mache ein starkes Bild. Voller Kontrast und doch auch voller Harmonie. Beide lächeln um die Wette. José legt den rechten Arm um seinen Freund. Der Daumen seiner linken Hand zeigt zum Himmel. Genau wie die beiden Daumen seines Freundes Sofanor.

Was das Bild nicht zeigen kann, ist ein Satz, den einer der Männer leise sagt: „Gott sei Dank, dass wir so gute Freunde geworden sind."

14.

Inzwischen sind wir wie Geschwister –

Freiwillige „Versuchskaninchen", extreme Ausnahmezustände und gewaltige Herausforderungen im *Hoffnungshaus*

Diesen Augenblick wird Angelika Röhm ihr Leben lang nicht mehr vergessen: Sie sitzt gemeinsam mit ihrem Mann Thomas in ihrem Häuschen in der Wüste, in der Atacama im nördlichen Chile. Sieben Kilometer weg von der nächsten größeren Ansiedlung. Draußen ist es reichlich warm. Für europäische Verhältnisse ziemlich heiß. Und unglaublich trocken. Und total einsam. Hier mag man keinen Hund vor die Tür jagen.

Aber Angelika und Thomas wurden nicht hierher gejagt. Sie sind freiwillig gekommen. Die Physiotherapeutin und der Schreinermeister aus dem Schwarzwald (beide damals etwa Mitte 30, beide ausgesprochen angenehme Zeitgenossen), leben und arbeiten gerne in dieser ungewöhnlichen Gegend, und zwar der Menschen hier in der Atacama wegen.

Seit mehr als zehn Jahren schon kümmern sich „Los Roemis" (so nennen ihre chilenischen Freunde sie) mit großem Einsatz um junge Leute, um Familien, um misshandelte Frauen, um verwahrloste Drogenabhängige, um ehemalige Gefangene: alle mehr oder weniger Randsiedler der Gesellschaft, alle mit schrecklicher Vergangenheit. Und alle praktisch ohne Zukunftsperspektive.

Für diese und viele andere Menschen wollen Röhms ein Ausbildungszentrum aufbauen. Wollen denen zu einer kleinen Chance verhelfen, die in einer ohnehin schwierigen Umgebung besonders schwierige Lebensbedingungen haben. Und so bauen „Los Roemis" gemeinsam mit Chilenen ein Hilfswerk für sozial schwache Menschen auf. Sie versuchen, Menschen, die nie die Schule besuchen konnten, fit zu machen für einen kleinen Job oder eine selbstständige Tätigkeit.

Eine ganze Latte von Aufgaben, denen sich Röhms mit Feuereifer gewidmet haben und widmen. Inzwischen können sie sich bestens auf Spanisch verständigen. Kennen Land, Leute, Kultur, Lebensbedingungen wie ihre Westentasche. Sind tief verbunden und befreundet mit vielen Chilenen. Ihre vier Kinder – bei der Ankunft im Land zwischen zwei und elf Jahren alt – wachsen genauso auf wie ihre chilenischen Freundinnen und Freunde im gleichen Alter.

Heute also sitzen Angelika und Thomas vor dem Monitor ihres Computers. Via Skype sind sie mit einem Mann in ihrer alten Heimat Deutschland verbunden, der ihnen einen „Job" anbietet. Eine höchst anspruchsvolle, sehr verantwortliche, ziemlich risikoreiche Aufgabe, aber nur mäßig bezahlt. Eine Herausforderung für echte Pioniere. Für Menschen, die ihr Christsein ernst nehmen und von ganzem Herzen in die Tat umsetzen wollen.

Röhms wissen: Ihre Tätigkeit in Chile geht wegen der Planungen ihres Arbeitgebers, einer Entwicklungshilfeorganisation, demnächst zu Ende. Wie „aus heiterem Himmel" sind sie von einer Freundin auf eine Stellenanzeige hingewiesen worden. Haben Kontakt aufgenommen mit einer ihnen noch vollkommen unbekannten Stiftung aus Deutschland, die da inserierte. Und finden sich jetzt und hier wieder, Ende des Jahres 2015. Vor dem Monitor ihres Computers. In einem Bewerbungsgespräch per Skype. Über mehr als zwölftausend Kilometer Luftlinie hinweg.

Eine ganz schön komplizierte Angelegenheit: Weil das Netz hier draußen in der Wüste ziemlich instabil ist, bricht die Verbindung mehrfach ab. Und wenn die Verbindung mal einigermaßen steht, dann zittert wenig später das Bild. Oder der Ton verschwindet im Nirwana.

Das Wichtigste aber kommt an bei Angelika und Thomas mitten in der Atacama – und der Mann am anderen Ende, Marcus Witzke, Vorstandsvorsitzender der ziemlich frisch gegründeten *Hoffnungsträger Stiftung*, macht den beiden klar: Kommt zu uns. Helft uns. Packt mit an. Wir brauchen euch und euer Know-how. Wir brauchen verantwortliche Mitarbeiter für ein bedeutendes Pilotprojekt. Mitarbeiter, die „interkulturell" denken und arbeiten können. Die also wissen, wie es ist, mit Menschen eng zusammenzuleben, die zu einer ganz anderen Kultur gehören.

„Das Unfassbare war", erzählt Angelika mir gut vier Jahre später, „in diesem Gespräch per Skype erlebten Thomas und ich eine glasklare Berufung. Wir hatten eine regelrechte ‚Herzensklarheit'. Genau um so eine Aufgabe hatten wir Gott gebeten."

Ihr Mann Thomas drückt es etwas weniger blumig aus. Aber nicht weniger entschlossen: „Noch im Laufe des Skype-Gesprächs fanden wir ein ganzes Ja zur neuen Aufgabe", erzählt er mir. Und weiter: „Gott hat es so geführt."

In der Folge ziehen „Los Roemis" mit ihren vier Kindern aus der chilenischen Wüste ins schwäbische Leonberg. Und bauen dort im Auftrag der *Hoffnungsträger Stiftung* das erste „*Hoffnungshaus*" auf.

Ein „*Hoffnungshaus*"?

Dieses Haus besteht zu diesem Zeitpunkt nur auf dem Papier. Als Konzept. Mit einem hohen Anspruch und einer wunderbar einleuchtend klingenden Idee: Deutsche und Geflüchtete sollen Wand an Wand zusammenleben.

Für alle Beteiligten soll das *Hoffnungshaus* eine vollkommen neue Erfahrung werden. Absolut überfällig in einer Zeit, in der Flüchtlingsströme übers Mittelmeer und über die Balkan-Route nach Deutschland drängen. Und in der rechtsextreme Gewalttäter Asylbewerber zusammenschlagen, Unterkünfte anstecken, Panik verbreiten mit „Das Boot ist voll"-Parolen.

Vor diesem gesellschaftlich-politischen Hintergrund soll in Leonberg – wo die *Hoffnungsträger Stiftung* mit ihrer Arbeit begonnen hat – ein wichtiges Signal gesetzt werden: Eine ziemlich bunte Mischung von Persönlichkeiten zieht ins erste *Hoffnungshaus* ein. Aus den drei voll belegten Turnhallen der Stadt hinein in eigene vier Wände.

Eine Chance für etwa ein Dutzend Menschen aus Syrien: eine Familie mit zwei Kindern. Eine WG von drei jungen Männern. Eine ältere Dame aus Damaskus mit ihrer erwachsenen Tochter Tala und deren Freundin Alyaa. Dazu stoßen eine Familie aus Afghanistan – und etliche Ehrenamtliche aus Deutschland. Engagierte Zeitgenossen, die für kürzer oder länger ganz bewusst die Idee der „Integration" unterstützen möchten. Die dabei mithelfen wollen, dass Geflüchtete hineinfinden in die deutsche Gesellschaft. In Kultur, Sprache, Arbeitsplatz, Nachbarschaft.

Anfangs können acht Wohnungen in der Nochbaustelle *Hoffnungshaus* belegt werden. Nach drei Jahren sind es achtzehn Wohnungen. Alle untergebracht in einem lang gezogenen Mehrfamilienhaus in der Heinrich-Längerer-Straße, ein paar Hundert Meter entfernt vom Zentrum Leonbergs. Eine ganze Häuserzeile, durch gemeinsame Kellerräume untereinander verbunden. Mit Raum zum Spielen, Arbeiten, Feiern. Heute leben, lachen und lieben hier Menschen aus acht verschiedenen Kulturen.

„Los Roemis" (und später ihre Nachfolger in der Leitung des *Hoffnungshauses*) sind hier so eine Art Bürgermeister. Und Sozialarbeiter. Und Entertainer. Und Krisenmanager. Und Pioniere. Wie gut, dass sie damals in der Atacama den Mut hatten, sich auf dieses Pionierprojekt einzulassen.

Und noch einen anderen außergewöhnlichen Augenblick wird Angelika nie vergessen. Besser gesagt: einige gefühlt endlose Stunden zwischen Bangen und Hoffen in der neuen Heimat Leonberg – in einem Krankenhaus.

Thomas und sie sind inzwischen schon einige Zeit lang verantwortlich für das *Hoffnungshaus* in Leonberg. Sie leben in einem viel beachteten Pilotprojekt. Wollen als engagierte Christen Zeichen setzen. Verantwortung übernehmen für einige der vielen Flüchtlinge, die in Deutschland Schutz und eine Zukunft suchen. Menschen aus Syrien und Afghanistan, aus Nigeria und dem Iran. Im *Hoffnungshaus* leben Geflüchtete zusammen mit Deutschen. In guter Nachbarschaft. Sie bilden eine Gemeinschaft – Tag für Tag ein bisschen mehr. Reden nicht lange über „Integration", sondern leben sie. Vom Deutschunterricht bis zur Hilfe bei Behördengängen, vom gemeinsamen Kindergeburtstag bis zum Spieleabend. Im *Hoffnungshaus* muss niemand alleine sein.

Auch dann nicht, wenn es mal um Leben und Tod gehen sollte. Erst recht nicht, wenn der – wie Angelika es beschreibt – „maximale Ausnahmezustand" eintritt, also eine extreme Situation, deutlich herausfordernder als alles, was sie bisher in Deutschland und Chile erlebt hat.

Angelika erzählt mir davon, wie sie ein Ehepaar aus Afghanistan in einer aufregenden Nacht ins Krankenhaus begleitete – bis hinein in den Kreißsaal.

Nawid und Fereba haben damals bereits Kinder. Doch die sind vor der Flucht noch in der alten Heimatstadt Masar-e Sharif im Norden Afghanistans geboren. Als Angelika und Thomas Nawid und Fereba kennenlernten, lebten die beiden mit ihren Kindern in einem einzigen Zimmer. Zu fünft in einem Zimmer in einem alten Verwaltungsgebäude. Nawid und Fereba zeigten Interesse an der *Hoffnungshaus*-Idee. Und zogen somit als Erste in das Mehrfamilienhaus in Leonberg ein.

Hier in Leonberg aber sind die beiden noch nicht richtig angekommen. Deutsch? Sie verstehen kaum ein Wort. Und sind entsprechend dankbar, dass ihre Nachbarin und Freundin Angelika sie zur Geburt begleitet.

Was Angelika noch nicht weiß: Fereba ist durch die Fluchterfahrungen schwer traumatisiert. Mit katastrophalen Folgen für die Geburt. Immer wenn eine Wehe heftige Schmerzen mit sich bringt, flüchtet sich Fereba unbewusst in eine Ohnmacht. Ab einem bestimmten Niveau von Schmerz scheint ihre Seele den Körper zu verlassen, in die totale Bewusstlosigkeit abzutauchen.

Als die Hebamme das bemerkt, schreit sie um Hilfe. Sie fürchtet, dass das Baby die Geburt so nicht überleben wird. Ein Oberarzt eilt herbei. Auch der ist schnell am Ende mit seinem Latein, als er bemerkt: Auf Schmerz reagiert Fereba mit Bewusstlosigkeit. „Tun Sie etwas, Frau Röhm", schreit er Angelika an. „Sorgen Sie dafür, dass diese Frau wach bleibt!"

Angelika redet wie ein Wasserfall auf Fereba ein. Wäscht ihr Gesicht immer wieder mit kaltem Wasser ab. Zwickt sie in den Arm. Tut alles, um sie wachzuhalten. Und betet. Betet. Betet.

Ein paar Presswehen noch. Dann ist das Kind geboren. Geschafft. Eine ausgesprochen schwere Geburt. Gerade noch einmal gut gegangen. Gott sei Dank.

Doch zwei Stunden später erlebt Angelika den nächsten „Ausnahmezustand". Erledigt sitzt sie am Bett Ferebas. Neben ihr der stolze Papa. Er sieht nach seiner Frau und dem neugeborenen Sohn.

Die Hebamme will die junge Mutter routinemäßig untersuchen. Als sie dafür die Bettdecke aufschlägt, macht sie eine schreckliche Entdeckung: Blut, plötzlich ist überall Blut. So schnell wie möglich wird Fereba als Notfall in einen OP-Saal gefahren. Zurück bleiben Angelika und Nawid. Verstört. Schockiert. Hoffnungslos.

Nun kann Angelika nichts mehr tun für Fereba. Außer Beten. Sie ringt mit Gott. Sie schreit ihn regelrecht an: „Herr, du kannst diese Frau nicht sterben lassen. Auf gar keinen Fall. Ihre Kinder brauchen sie. Ihr Mann braucht sie. Ganz dringend!"

Nawid, der Ehemann, begreift nicht recht, was gerade alles um ihn herum vorgeht. Er spürt nur, dass es sehr ernst steht um das Leben seiner Frau. Angelika versucht mit Händen und Füßen, ihm die Lage zu erklären. Jetzt geht es ums Ganze. Jetzt kämpfen die Ärzte um Ferebas Leben. Jetzt hilft nur noch Beten. Das alles versucht sie Nawid klarzumachen.

„In diesem Kreissaal habe ich dann zum allerersten Mal in meinem Leben gleichzeitig mit einem Moslem gebetet", erzählt mir Angelika. „Ich habe im Namen Jesu zu Gott geschrien. Und auch Nawid hat Gott von ganzem Herzen angefleht."

Nach einer quälend langen Zeit der Unsicherheit kehrt die Hebamme zurück in den Kreißsaal. Ihre Botschaft lässt Angelika und Nawid aufatmen: Fereba lebt. Sie wird die Nacht schaffen. Sie ist dem Tod von der Schippe gesprungen. Gerade so eben.

Als Angelika mir ein Jahr später von dieser Grenzerfahrung erzählt, sind Anspannung, Sorge und Erleichterung immer noch mit Händen zu greifen. „Ich hatte nach dieser Nacht das Gefühl: Gott hat meine bisherigen Grenzen erweitert", sagt Angelika nachdenklich. Dann schleicht sich ein Lächeln in ihr Gesicht: „Heute kann ich mich so darüber freuen, dass Fereba überlebt hat. Sie hat so viel zu geben an Lachen, an Leben, an Liebe zu ihren Kindern. Gott hat es gut mit ihr gemacht."

Für Röhms ein Grund zu danken. Und ein Grund zu feiern, mindestens einmal im Jahr – dann, wenn der in dieser Nacht zur Welt gekommene kleine Erdenbürger Geburtstag hat. Ein Fest des Lebens wird dann gefeiert, berichtet Angelika. Und das gesamte *Hoffnungshaus* macht mit.

Denn genau das ist eine der wichtigsten Säulen beim Zusammenleben von „Migranten" und „Einheimischen", von „Ausländern" und „Inländern", von „Geflüchteten" und „Ortsansässigen": Leben teilen. Miteinander lachen. Miteinander weinen. Miteinander trauern. Miteinander feiern.

So wachsen Freundschaft und Respekt und gutes Zusammenleben.

Angelika erklärt mir, wie das aussehen kann: „Wenn jemand sich aus dem *Hoffnungshaus* verabschiedet zum Beispiel, weil er oder sie Deutschland verlassen muss, dann trauern wir alle gemeinsam. Im Alltag unterstützen wir uns bei ganz vielen praktischen Dingen, ob es ums Einkaufen geht, um das Aufpassen auf die Kinder, um die Wäsche. Wir haben ein Ohr füreinander. Wir wollen uns helfen und uns gegenseitig unterstützen. Wenn jemand in Not gerät, halten wir zusammen.

Ich weiß: Wenn ich heute um zwei Uhr morgens ganz dringend Hilfe bräuchte – meine Freundinnen Fereba aus Afghanistan und Alyaa aus Syrien wären zur Stelle. Ja, alle Mitbewohner aus dem *Hoffnungshaus* würden sich mit voller Kraft für mich und meine Familie einsetzen."

Als Angelika mir das erzählt, sitze ich gerade zusammen mit einer Gruppe von Freundinnen, die alle im *Hoffnungshaus* leben: Angelika, Karin und Julia aus Deutschland. Fereba aus Afghanistan. Und Alyaa aus Syrien. Alle schätzungsweise zwischen Mitte zwanzig und Mitte vierzig. Alyaa ist als Einzige Single und hat keine Kinder. Mit einem verschmitzten Lächeln erklärt sie mir: Sie wartet aktiv darauf, dass eines Tages der richtige Mann vorbeikommt. Und dass sie mit ihm eine Familie gründen kann. Er müsste seinen Glauben ernst nehmen, erklärt Alyaa mir. Aber er müsste auch Christen akzeptieren, zum Beispiel ihre Freundinnen im *Hoffnungshaus*.

Denn Religion spielt hier eine wichtige Rolle. Christliche Feste wie Weihnachten und Ostern werden für alle erklärt. Und dann gemeinsam gefeiert.

Einmal im Monat gibt's den *Religionstreff.* Was da passiert? Alyaa erklärt es mir: „Wir sprechen über ein Thema und fragen uns: Was steht dazu im Koran und was in der Bibel? Zum Beispiel zum Thema Gebet, zum Stammvater Abraham oder zur Frage: Wer ist Gott eigentlich? Und wer ist Jesus?"

Fereba aus Afghanistan kann anfangs nicht viel zu diesen Gesprächen beitragen. Sie selbst war keinen Tag ihres Lebens in der Schule. Sie und ihre Familie sind zwar Muslime. Sie rezitieren Suren aus dem Koran auf Arabisch. Aber weil sie diese Sprache nicht verstehen, wissen sie nicht, was sie da eigentlich von sich geben. Angelika hat deswegen extra den Koran studiert und Fereba manchen Satz erklärt.

In Afghanistan haben Fereba und ihr Mann Nawid (die hier zu ihrem Schutz andere Namen bekommen haben) noch nie einen Christen getroffen. Jetzt leben sie mit Christen unter einem Dach. Sind eng mit ihnen befreundet. Erleben, wie der christliche Glaube im Alltag Hand und Fuß bekommt. Und stellen verblüfft fest, dass ihre älteste Tochter den Koran auf Deutsch liest, um ihre Religion verstehen zu können.

Bei jedem *Religionstreff* gibt es spannende Diskussionen, erfahre ich. Im Austausch lernen die Nachbarinnen und Nachbarn eine Menge über sich. Über ihren eigenen Glauben. Und über den der Freunde und Nachbarn.

Mit ihren Beiträgen wollen die engagierten Christinnen Angelika, Karin und Julia ihre muslimischen Freundinnen nicht unter Druck setzen. Sie wollen erklären und vorleben, wie sie ihr Christsein verstehen. Wollen Christsein sichtbar machen. Erlebbar. Und gleichzeitig lernen, wie ihre muslimischen Freundinnen ihren Glauben verstehen und leben.

Doch nicht nur die Erwachsenen lernen voneinander. Neulich habe Karins fünfjährige Tochter für eine Überraschung gesorgt, berichten mir die Frauen. Nachdem die Kleine oft zu Gast war bei Alyaa und einigen anderen muslimischen Frauen, habe sie darauf bestanden, beim Tischgebet vor dem Abendessen ein Kopftuch aufzusetzen. Sie wollte eben genau so beten, wie sie das bei Alyaa gesehen hatte.

Die Frauen kichern, schütten sich aus vor Lachen über diese kleine Geschichte. Und ich spüre, dass bei ihnen eine starke Basis gewachsen ist. Die Frauen nehmen die Unterschiede in ihrem Leben, Denken und Glauben sehr bewusst wahr. Aber sie lassen diese Unterschiede stehen. Und stellen all die Gemeinsamkeiten daneben, die sie auch beobachten und erleben können. Ein Fundament aus gegenseitiger Toleranz, Freundschaft und Nähe.

Sie verschweigen mir nicht, dass es beim Zusammenleben manchmal „reibt". Unterschiedliche Ansichten über typisch deutsche Angewohnheiten wie Pünktlichkeit, Sauberkeit oder Mülltrennung können schon mal zu Unmut führen. Zu langem Streit aber nie, beteuern die *Hoffnungshaus*-Frauen.

„Wir wissen, dass wir viele Gemeinsamkeiten haben. Wenn wir mal nicht einig sind, dann können wir mit etwas Anstrengung immer einen gemeinsamen Weg finden", erklärt Karin.

Und Julia ergänzt: „Wir sind hier nicht nur gute Freundinnen geworden, sondern wir fühlen uns inzwischen wie Geschwister." Bei diesem Satz nickt Alyaa: „Ohne meine Schwestern hier im *Hoffnungshaus* könnte ich gar nicht mehr weiterleben", flüstert sie.

Nachdem sich die ausgelassene Frauenrunde verlaufen hat, sitze ich ein weiteres Mal mit Angelika und Thomas zusammen. Wir gehen noch einmal ihren weiten Weg durch von Chile nach Leonberg. Sprechen über die gigantische Aufgabe, die damals vor ihnen lag, die konkreten Ziele, die das Konzept vorgab:

Aufbau eines integrativen *Hoffnungshauses*. Aufbau eines Netzes von Ehrenamtlichen. Wirkung in Stadt und Gesellschaft hinein. Möglichkeit zu interreligiösen Begegnungen und Gesprächen. Der christliche Glaube sollte auf Augenhöhe gelebt werden. Ohne irgendwelche Formen von Manipulation. Kein Bewohner und keine Bewohnerin dürften davon bedrängt werden oder sich verpflichtet fühlen.

Stück für Stück haben „Los Roemis" gemeinsam mit ihren Hausbewohnern diese Anliegen in die Praxis umgesetzt. Einige ihrer Schützlinge sind inzwischen ganz gut in der deutschen Gesellschaft angekommen. Verdienen in festen Arbeitsplätzen. Studieren oder machen eine Ausbildung. Andere fremdeln noch in der neuen Umgebung. Kommen im Deutschunterricht kaum voran. Suchen nach Wohnungen. Begreifen die Welt nicht richtig, in der sie gelandet sind.

Heute leben Röhms noch immer im Leonberger *Hoffnungshaus*, inzwischen aber als ehrenamtliche Mitarbeiter. Die Leitung des *Hoffnungshauses* haben sie abgegeben: an Cathrin und Matthias Seitz, die noch ein bisschen jünger sind als Röhms. Angelika und Thomas marschieren als Pioniere weiter voran.

Sind heute überregional verantwortlich für *Hoffnungshäuser* in Esslingen und Schwäbisch Gmünd, Bad Liebenzell und Sinsheim. Und für all die Häuser, die noch anderswo geplant, gebaut und mit Leben gefüllt werden.

Witzigerweise ist Angelika auf diesem Wege „Chefin" ihres jüngeren Bruders Martin geworden. Denn der bereitet sich gerade mit seiner Frau Denise auf die Öffnung der *Hoffnungshäuser* in Schwäbisch Gmünd vor. Ein kleines Dorf entsteht hier am Rand der Stadt, in dem an die hundert Menschen Platz finden werden. Und in dem Martin und Denise das Zusammenleben leiten und gestalten wollen.

Und all das ist erst der Anfang:

Die *Hoffnungsträger Stiftung* ist mit Dutzenden von Kommunen im Gespräch und in der Planung. Überall in Baden-Württemberg. Und darüber hinaus. Viele Kommunen wollen vom Leonberger Pilotprojekt lernen. Ihr eigenes *Hoffnungshaus* bauen. Und dabei profitieren von dem baulichen Modul-Konzept, dass die *Hoffnungsträger* zusammen mit Architektur-Experten entwickelt haben: Häuser in Ständerbauweise. Aus heimischem Holz gefertigt. Mit Schwung in der Optik. Mit vielen Begegnungsmöglichkeiten für die Bewohner. Mit Wohnungen ganz unterschiedlicher Größe. So können in jeder interessierten Kommune speziell angepasste „*Hoffnungshäuser*" entstehen.

Eine Menge Arbeit liegt weiterhin vor Angelika und Thomas und all ihren Mitarbeiterinnen und Mitarbeitern. Eine Menge an Verantwortung. Eine Menge weiterer außergewöhnlicher Augenblicke sind zu erwarten.

Ich will wissen: Haben die beiden ihre Entscheidung jemals bereut, damals von Chile aus die Aufgabe in Leonberg übernommen zu haben? Beide sehen mich einigermaßen verständnislos an. Als hätte ich gerade eine ziemlich dumme Frage gestellt. „Hier können wir unsere Gaben und Fähigkeiten voll einsetzen. Selbst unsere Kinder leben in diesem Projekt und sind ein wichtiger Teil davon", antwortet Thomas.

Und Angelika ergänzt: „Im Nachhinein können wir sagen: Wir haben die Idee ‚Hoffnungshaus‘ wie freiwillige ‚Versuchskaninchen‘ Stück für Stück zu einem praxistauglichen Modell entwickelt. Thomas und ich sind dabei oft an unsere Grenzen gestoßen. Ganz häufig musste ich mit Blick auf die anfänglichen Ideen feststellen: ‚Mein klarer Menschenverstand sagt mir, dass das nicht gehen kann.‘ Dann haben wir eben nach neuen Wegen gesucht und diese Wege geebnet. Das war und ist eine wunderbare Aufgabe für uns beide. Wir sind mit vielen anderen in einem starken Team unterwegs, als Hoffnungsträger. Gott hat uns diese wunderbare Aufgabe gestellt."

15.

Die verpasste Chance –
Bill

Betretene Gesichter beim Frühstück am großen Tisch in einer der *Seehaus*-WGs. Die Jungs haben bereits ein paar erfrischende Joggingkilometer hinter sich. Einer von ihnen war heute zum letzten Mal dabei. Er wird in wenigen Tagen in die Freiheit entlassen. Zur Feier des Tages haben sie ihn abwechselnd auf einem Schubkarren über die holprigen Waldwege geschoben. Ein fröhliches Ritual. Eigentlich müssten sie sich jetzt alle mit ihm freuen und gut drauf sein, denke ich mir. Doch ausgelassen ist hier niemand. Die Jungs wirken auf mich eher bedrückt.

Halblaut murmelnd bittet der eine um Butter. Ein anderer lässt sich den Käse vom anderen Ende der Tafel reichen. Sonst fällt kaum ein Wort. Dann unvermittelt lüftet sich der Schleier des Geheimnisses – das außer mir bereits alle kennen. „Du bräuchtest jetzt erst mal Schlaf, Ben, oder?", fragt einer der Jungs. Alle Blicke wandern zum Hausvater der WG. Ben nickt nachdenklich. Auch er wirkt nicht mehr so fröhlich wie am Vorabend. Und plötzlich erfahre ich von verschiedenen Seiten auf einmal, was hier los ist. Oder besser: was heute Nacht los war.

Bill ist verschwunden. Bill, der im richtigen Leben natürlich einen anderen Namen trägt als hier. Bill, der Einzelgänger mit den auffällig hellen Haaren. Bill, der keine Haftstrafe abzusitzen hat, sondern erst noch auf seine Verhandlung wartet.

Nachdem er von zu Hause rausgeflogen war, hatte er sich alleine durchgeschlagen. Dann einen Taxifahrer ausgeraubt. Statt zur U-Haft ins Gefängnis ist er vor zwei Wochen hierher ins *Seehaus* gekommen. Vorher hatte er einige Wochen auf der Straße gelebt und im Wald geschlafen. Der Schritt ins *Seehaus* verbesserte seine Lebensverhältnisse auf einen Schlag ganz erheblich. In den ersten Tagen wirkte Bill richtig erleichtert, erinnern sich die anderen Jungs. Bill schien offen zu sein für die Leute und das Programm hier. Bereit, sich einzugliedern.

Doch in den letzten Tagen sei ihm der straffe Tagesablauf wohl zu viel geworden, berichten die Jungs. So richtig geöffnet habe Bill sich nie. Irgendwie sei ihm hier im *Seehaus* wohl alles zu „stressig" geworden, vermuten sie. Alle spürten, dass Bill sich schwertat. Dass er sich bisher noch nie in seinem Leben so richtig angenommen gefühlt hatte. Dass er es nicht an sich heranlassen konnte, hier geschätzt zu werden. Sein Selbstwertgefühl war ausgesprochen schwach ausgeprägt: „Du bist nichts wert", diese Botschaft hatte ihn sein bisheriges Leben lang begleitet. Und nun hat ihn seine Vergangenheit offensichtlich eingeholt.

„Was geht euch durch den Kopf, wenn ihr an Bills Entscheidung denkt?", frage ich. Schweigen in der Runde. Den Gesichtern sehe ich an, dass jeder Einzelne sich mit der Frage sehr intensiv beschäftigt. Aber dabei wohl weniger an Bill denkt, als vielmehr an sich selbst: Was wäre mit mir, wenn ich einfach abgehauen wäre? Würde ich das überhaupt wagen? Würde ich mir damit die Chance meines Lebens versauen? Wie wird es mir gehen, wenn ich in ein paar Wochen oder ein paar Monaten rauskomme?

Keiner spricht es aus. Und doch spüre ich, dass das Urteil der Jungs eindeutig ist: Wie blöd muss man sein, um eine solche Chance wie das *Seehaus* einfach wegzuwerfen?

Auch wenn die Mitarbeiter den Ausreißer in der Nacht nicht aufgespürt haben – erfahrungsgemäß erwischt die Polizei jeden nach wenigen Tagen, spätestens nach vier Wochen. Dann kommt tatsächlich Gefängnis auf Bill zu. Und seine Flucht wird sich bei der Verhandlung mit Sicherheit belastend für ihn auswirken, die Strafe härter werden lassen als eigentlich nötig.

Wie dumm muss man sein?

Aufgeflogen ist Bills Flucht in den frühen Morgenstunden, erfahre ich. Zwei-, dreimal pro Nacht zieht der Nachtdienst durch alle WGs. Kontrolliert in jedem einzelnen Zimmer, ob alle Betten der Jungs belegt sind. Als Bills Fehlen bemerkt wurde, gab es Alarm. Die Polizei wurde eingeschaltet. Mitarbeiter wurden verständigt, postierten sich im Gelände und vor den Türen einiger Nachbarn. So war sichergestellt, dass Bill nicht bei einem Nachbarn ein Fahrrad klauen oder Lebensmittel mitgehen lassen könnte. Einige suchten zu Fuß oder mit dem Fahrrad in der Dunkelheit nach Bill. Vergeblich.

Eigentlich könnte jeder junge Insasse des *Seehauses* jederzeit türmen. Kein Zaun und keine Mauer umgeben das Gelände. Nur zwei Dinge halten sie: das Vertrauen, das in sie gesetzt wird und das sie stolz macht. Und die Sanktionen, die drohen, wenn sie abhauen und aufgegriffen werden. Durchschnittlich nur einmal pro Jahr verschwindet einer der Jungs – und verspielt damit seine einzigartige Chance. So wie Bill heute Nacht. Auf ihn wartet jetzt der Knast. Wenn er ganz viel Glück hat, können die *Seehaus*-Mitarbeiter ihn später im Jugendgefängnis betreuen und ihn auch in der Zeit nach der Haft begleiten. Doch ins *Seehaus* kann er aller Voraussicht nach nicht zurückkommen.

Auf Tobias Merckle und sein Team kommen jetzt schwierige Tage zu. Zwar schimpfen etliche der Jungs auf Bill. Nennen ihn hinter vorgehaltener Hand einen Idioten. Doch die Gefahr besteht, dass seine Tat Nachahmer ermutigt. In nächster Zeit wird es deshalb Gesprächsrunden geben. Gesprochen wird über Bill, seine Probleme und seine Flucht. Wenn nötig, werden die Mitarbeiter sich auch mit manchen der Jungs zu Einzelgesprächen treffen. Und sie werden auch miteinander über die Frage nachdenken: Was hätten wir tun können, um diese Aktion zu vermeiden?

Eine Stunde später in der Zimmerei des *Seehauses*. Wir sitzen gemeinsam in einem Oval aus Bierbänken: die Jungs, einige ihrer Ausbilder und Betreuer. Ein tägliches Ritual vor Beginn des Arbeitstags. Ich darf heute als Beobachter dabei sein.

Vor einem geistlichen Gedanken und einem Gebet hat Tobias Merckle eine wichtige Botschaft für die *Seehaus*-Mannschaft:

„Ihr habt schon mitbekommen, dass wir heute Nacht einen unserer Söhne verloren haben", erklärt er und wirkt dabei niedergeschlagen. „Leider hat Bill seine Chance vertan. Das ist unverständlich, denn damit schadet er sich selbst am meisten, gerade auch vor Gericht." Nachdenkliche Gesichter in der Runde.

Ein paar Minuten später betet einer der Mitarbeiter für Bill. Dass Bill aus diesem Fehler lernen möge. Dass Gott ihn behüte, wo auch immer Bill sich gerade aufhält. Und dass Bills Leben trotzdem noch eine gute Wende nimmt.

16.

Hoffnung für das Dorf der traurigen Gesichter –

Nach einem schlimmen Massaker kämpfen die Inseldörfer „Palafitos" um einen Weg in die Zukunft

Warum schauen die meisten Menschen in diesem Dorf so ernst? Warum wagt kaum einer der Erwachsenen ein Lächeln? Und warum wirken auch die Kinder seltsam unnahbar und verschlossen? Irgendwie komisch. Eigentlich hätte doch das ganze Dorf Grund zur Freude: Heute zum Schuljahresende wird gefeiert. Großer Bahnhof für die Kinder, die ein Schuljahr erfolgreich hinter sich gebracht haben.

Dreikäsehochs sind deshalb von ihren Müttern in feine Hosen und schicke Hemden gezwängt worden. Zur Feier des Tages tragen die Knirpse obendrein noch eine Art Doktorhut. Ihre zierlichen Klassenkameradinnen, vielleicht gerade mal acht, neun Jahre jung, sind geschminkt und mit Schmuck behängt wie Models. Entsprechend graziös trippeln sie in dünnen Schühchen über die Holzplanken hin zum Festplatz des Dorfes.

Doch sowohl die kleinen Hauptpersonen als auch ihre Familien machen kein Feiertagsgesicht. Sie schauen düster drein, als ob die Lieblingskatze unter einen Lastwagen gekommen wäre.

Dabei ist es doch so wunderschön hier, auf den Palafitos.

Schön heiß – die Sonne brennt schon morgens voller Kraft vom Himmel und treibt mir den Schweiß aus jeder Pore.

Schön ruhig – die drei Palafitos-Dörfer sind schon vor Jahrhunderten auf Stelzen fern ab der restlichen Welt mitten in einem sehr breiten Flussarm nahe der Küste Kolumbiens errichtet worden. Pfahlbauten, auf denen heute einige Tausend Menschen leben. Fischerdörfer direkt dort, wo es guten Fang und damit Verdienstmöglichkeiten gibt.

Und normalerweise schön gemütlich. Ich erlebe: Hier gehen die Uhren deutlich langsamer als im Rest der Welt. Jeder kennt jeden. Alle sind hier irgendwie miteinander verwandt. Und alle halten zusammen. Der Dorfpolizist beschwert sich deshalb über die Langeweile in seinem Job. Zu tun kriegt er nur dann gelegentlich, wenn mal am Samstagabend zwei Streithähne im Suff zu massiv aufeinander losgehen. Und prompt flirtet er noch während des kleinen Interviews mit meiner charmanten Übersetzerin Elizabeth und versucht ihre Handynummer zu ergattern.

Auf den Palafitos scheint die Welt noch in Ordnung zu sein, könnte man beim ersten Blick meinen. Doch die traurigen Gesichter zeigen, dass dieser Eindruck täuscht.

Wir sind sehr früh aufgestanden und haben uns bei Morgengrauen von der Hafenstadt Barranquilla aus auf den Weg gemacht. Mit dem Taxi vom Hotel bis zu einer Bushaltestelle. Mit dem Bus etwa eine halbe Stunde raus aufs Land. Mit einem Mototaxi (auf dessen Rückbank sich jeweils drei Passagiere zusammendrängen) über kleine Straßen bis zum breiten Magdalena-Fluss. Mit einem Boot, das etwa fünfzig Personen fasst, ans andere Ufer. Mit einem weiteren Mototaxi über eine extrem staubige und extrem bucklige Piste an einen weiteren Fluss. Und dort mit einem kleineren Boot eine lange Strecke durch eine grüne Oase. Am Rand des schmalen Wasserwegs entdecken wir Leguane, eine riesige Schildkröte, unzählige Vögel in allen Farben.

Nach etwa drei viertel Stunden öffnet sich der Fluss. Wird zu einem breiten See. Noch zwanzig Minuten weiter und wir landen nach gut zwei Stunden Anfahrt in *Nueva Venezia*. Tatsächlich, dieses auf Stelzen errichtete Palafitos-Dorf heißt „Neu-Venedig". Ich denke erst, man veräppelt mich.

Wir sehen Pfahlbauhäuser aus grob bearbeitetem Holz für einige Hundert Familien. Manche schmuck und einigermaßen im rechten Lot. Andere windschief und ziemlich heruntergekommen. Einige sehen unbewohnt, verlassen aus. Vor einigen sitzen Menschen auf der Terrasse. Manche von ihnen winken, ohne jegliche Regung in ihrem Gesicht. Andere tun so, als würde es sie nicht interessieren, dass hier ein paar Fremde aus der Ferne zu ihnen unterwegs sind.

Zwischen den einzelnen Häusern ist viel Platz. Etliche lange Kanus sind unterwegs. Die meisten werden von jungen Männern mit einem Stock wie Gondeln fortbewegt. Einige wenige haben Motoren und vertreiben mit ihrem Geknatter die Stille. In all den Booten sitzen fesch herausgeputzte Kinder mit ihren Müttern. Sie sind auf dem Weg zur Schulabschlussfeier und sollten doch eigentlich ein bisschen fröhlich aussehen. Aber ich kann kaum mal einen Hauch von Lächeln in den Gesichtern entdecken.

Wir steigen aus dem Boot aus, das uns nach Neu-Venedig gebracht hat. Wir sehen uns etwas um. Neben der natürlichen Schönheit des Dorfes auf dem Wasser entdecken wir immer mehr Ecken, die auf Armut und Verwahrlosung hinweisen.

Das Schulfest und unser Besuch fallen rein zufällig zusammen. An der Kirche, etwa einhundert Meter weg von der Schulfestgesellschaft, werden wir von einigen Dorfbewohnerinnen erwartet: stämmige Frauen, etwa zwischen dreißig und fünfzig. Bei der Begrüßung betonen sie, wie sehr sie sich über unseren Besuch freuen. Zu spüren aber ist diese Freude kaum. Die Señoras wirken eher mürrisch, fast abweisend.

Von Geschichte und Gegenwart der Palafitos wollen uns die Frauen berichten. Und schon nach den ersten Sätzen begreifen wir: Ihnen allen steckt das gleiche traumatische Ereignis tief in den Knochen – Gewalt in einer schrecklichen Größenordnung, die einfach nur sprachlos macht. Wütend. Und tieftraurig.

In den Zeiten des übersichtlichen Bürgerkriegs, so hören wir, verlief eine Schmuggelroute der linken Guerilleros genau hier durchs Dorf. Die (rechten) Paramiltärs unterstellten den Dorfbewohnern deswegen, die Guerilleros zu unterstützen. Und sie wollten diese Unterstützung ihrer Feinde mit allen Mitteln unterbinden. Tatsächlich mit allen Mitteln.

Am 22. November 2000 zog deshalb ein Trupp von etwa vierzig schwer bewaffneten Paramilitärs ins Dorf ein. Verbreitete Panik. Und erschoss zahlreiche Fischer. Oder erhängte sie. Genau hier auf dem Kirchplatz, auf dem wir jetzt stehen.

Am Ende des fürchterlichen Tages hatten siebenunddreißig Bewohner der Palafitos ihr Leben verloren. Leichen schwammen im Wasser. Überall war Blut.

Alle übrigen Dorfbewohner flohen in Panik. Rund dreitausend Menschen suchten Zuflucht in Nachbardörfern oder in der ein paar Stunden entfernten Stadt Barranquilla. Und trauten sich erst Monate oder sogar Jahre später zurück in die Heimat mitten auf dem See.

Fanny, eine Frau um die vierzig, kann die Erinnerung an diesen Tag nicht abstreifen: „Die Todesangst und all die Schreie –

das kannst du niemals vergessen", sagt sie mir. „Das brennt sich fest ins Gedächtnis ein."

Margarita war knapp dreizehn an diesem schwarzen Tag. „Ich denke immer und immer wieder daran", erzählt sie mir. „Wir fühlten uns so alleingelassen, so hilflos. Es war schrecklich."

Ana, heute um die fünfzig, hat damals – wie praktisch alle Dorfbewohner – enge Verwandte oder Freunde verloren. „Es war, als trampelten die Angreifer auf meinem Herzen herum", sagt sie. Und schweigt.

Ich kann mir ein solch blutrünstiges Morden hier in dieser an sich idyllischen Umgebung einfach nicht vorstellen. Doch die Gesichter der Frauen, mit denen ich in der Kirche zusammensitze, spiegeln das Grauen auch fast zwei Jahrzehnte später wider. Und auch die Madonnenstatue wirkt wie eine betroffene Augenzeugin. Ausgerechnet im linken Auge Marias ist bei der Schießerei eine Patrone gelandet und stecken geblieben. Man könnte den Eindruck bekommen, Maria weine um die Toten der Palafitos.

„Was erzählt ihr denn euren Kindern über diese Zeit?", frage ich. Die Antwort ist Schweigen.

„Nichts. Gar nichts", antwortet Margarita, und die anderen Frauen stimmen ihr zu. Dieser Teil der Geschichte würde die Kinder zu sehr belasten, erklären sie mir.

Doch ich habe Zweifel daran, ob das eine gute Entscheidung ist. Denn die Kinder spüren ganz bestimmt den Schatten, der über ihrem Dorf liegt.

Ganz besonders Jahr für Jahr am 22. November. Am Jahrestag erinnert sich das gesamte Dorf. Gemeinsam wird getrauert und geklagt. Man ehrt die Toten. Entzündet ihnen zu Ehren genau siebenunddreißig Kerzen auf dem Altar der Kirche.

Doch auf den Palafitos wird nicht nur getrauert und geweint. Die Einwohner wollen auch nach vorne sehen. Wollen Schritte in eine neue Zeit wagen. Maria gibt sich einen Ruck und beginnt zu erzählen. Ich spüre: Der kräftigen Frau ist das, was jetzt kommt, ein tiefes Anliegen.

Für Maria war der 22. November bereits die zweite schlimme Gewalterfahrung in jenem Jahr 2000. Bei einem an sich harmlosen Fest in ihrem Heimatdorf, ein paar Kilometer entfernt an der Küste, drehte ein betrunkener Polizist durch und erschoss drei Jugendliche – darunter ihren ältesten Sohn. In Panik floh sie deshalb mit dem Rest ihrer Familie auf die Palafitos. Und musste nur wenige Monate später miterleben, wie auch hier brutal getötet wurde.

Doch Maria hegt keine Rachegedanken. Sie möchte dabei mithelfen, dass Frieden und Versöhnung eine Chance bekommen auf den Palafitos. Die Spirale der Gewalt darf sich nicht immer weiterdrehen, findet sie. Hass, Bitterkeit und Rachegefühle dürfen nicht über Generationen hinweg das Klima vergiften.

Aber wie stellt man das an: Vergebung und Versöhnung leben? Gelingen kann das nur, erklärt mir Maria, weil es dabei Hilfestellung von außen gibt. Die kolumbianische Hilfsorganisation *Prison Fellowship* und ihr Partner, die deutsche *Hoffnungsträger Stiftung,* unterstützen die Versöhnungsarbeit auf den Palafitos. So soll die Gemeinde in einem langsamen, sorgfältig begleiteten Prozess zu einem „Dorf der Versöhnung" werden. Täter und Opfer sollen daran beteiligt sein. Und sich am Ende hoffentlich miteinander versöhnen.

Ein wichtiger Schritt auf diesem Weg war – ein Brief. Vor etwa zwei Jahren traf er auf den Palafitos ein. Ohne das Opfer-Täter-Training von *Prison Fellowship* wäre dieser lange Brief nie geschrieben worden. Ein gewisser Nehemia wandte sich da an die Menschen von den Palafitos. Genau der Mann, der vor neunzehn Jahren die Paramilitärs kommandierte. Und der damals den Befehl zum Angriff auf Palafitos gab.

Diesen Nehemia treffe ich am Abend in Barranquilla. Ein kräftiger, untersetzter Mann Mitte vierzig. Schwarzes Haar. Klarer Blick. Bescheidener, ruhiger Auftritt. Nehemia arbeitet seit einigen Jahren als Seelsorger. In verschiedenen Haftanstalten kümmert er sich als Gefängnispfarrer um die Insassen. Nehemia weiß aus eigener Erfahrung, wie trist und gefährlich das Leben in den kolumbianischen Gefängnissen ist.

Eigentlich stammt er aus einer christlich geprägten Familie. Doch als die linken Guerilleros vor Jahren einige Verwandte umbringen, wachsen Hass und Rachegelüste in ihm. Nach seiner Militärzeit schließt Nehemia sich deshalb den rechten Paramilitärs an. Gemeinsam mit ihnen will er Ungerechtigkeit und Willkür beenden. Sehr schnell merkt er, dass die Paramilitärs in der Wahl ihrer Mittel kein bisschen zimperlicher sind als ihre Gegner. Durch Entführungen, Auftragsmorde, Drogenhandel finanzieren sie ihre Aktivitäten. Dörfer werden aus fadenscheinigen Gründen überfallen, beraubt, besetzt.

Doch trotz mancher Zweifel macht Nehemia Karriere. Bald hat er als Kommandant mehrere Hundert Männer unter sich. Und die führt er zu fragwürdigen Aktionen.

Als er 2003 festgenommen und verurteilt wird, legt ihm das Gericht die Verantwortung für Tausende von Straftaten seiner Truppe zur Last. Nehemia ist verantwortlich oder mitverantwortlich für den Tod Tausender von Menschen. Und bekommt dafür eine gewaltige Haftstrafe aufgebrummt: Die nächsten vierzig Jahre seines Lebens soll er hinter Gitter.

Später wird die Strafe auf zwölf Jahre verkürzt und mit einer langen Bewährung belegt. Möglich wird das nach kolumbianischem Recht, weil Nehemia seine Straftaten bereut. Und weil er mit den Behörden kooperiert. Weil er zugibt, dass er mitverantwortlich ist für unfassbare 7.500 Morde. Weil er Hintergründe aufdeckt und zeigt, wo die Leichen der Opfer verscharrt wurden.

Im Gefängnis sei er endlich zum Nachdenken und zur Vernunft gekommen, berichtet mir Nehemia. Er gesteht und bereut. Er will sein Leben radikal ändern. Ganz entscheidend helfen ihm dabei die Mitarbeiter der kolumbianischen *Prison Fellowship*. Nehemia lernt viel in einem speziell entwickelten Programm, das Opfer und Täter miteinander ins Gespräch bringen soll. In dieses Programm eingeflossen sind Erfahrungen aus den Wahrheitskommissionen in Südafrika und aus den Versöhnungsprozessen nach dem Völkermord in Ruanda. Damit Versöhnung und Frieden in dem arg gebeutelten Land endlich eine Chance bekommen.

Ein kleiner Ausflug in die Theorie macht mir deutlich, wie wichtig dieses Programm ist: „Restorative Justice", so heißt dieser Ansatz, also „Wiedergutmachende Gerechtigkeit". Im Gesprächsprozess geht es dabei in erster Linie um den betroffenen Menschen und erst in zweiter Linie um Recht und Gesetz.

Wer ist verletzt worden?, wird beispielsweise gefragt und noch konkreter: Was ist dir genommen worden? Was müsste geschehen, damit die erlittenen Verletzungen geheilt werden könnten? Wer trägt für die schrecklichen Taten letztlich die Verantwortung? Welche Verpflichtung hat dieser Verantwortliche jetzt nach der Tat?

Alles sehr persönlich, sehr subjektiv und ganz auf das Opfer des Verbrechens bezogen.

Die Straftat selbst wird in diesem Gesprächsprozess nicht so sehr als Verbrechen gegen den Staat und seine Gesetze angesehen, sondern als Vergehen an Menschen und an der Gesellschaft.

Diese Sichtweise wirkt sich aus. Mit kurzen Filmausschnitten, provokativen Fragen, Diskussionsrunden und vielen anderen Formen kommen Opfer und Täter erst untereinander ins Gespräch. Und schließlich miteinander. Die Opfer können endlich ihre Wut ausdrücken, finden Gehör und Verständnis. Die Täter beginnen, die Erfahrungen ihrer Opfer nachzuempfinden. Oft entwickeln sie dabei Reue. Möchten ihre schlimmen Taten mindestens mit einer symbolischen Geste wiedergutmachen.

Innerhalb dieses Prozesses wird Nehemia klar: Ich möchte bei den Menschen der Palafitos um Entschuldigung bitten. Sie haben so viel gelitten. Sie sollen erfahren, dass mir das unendlich leidtut.

Aber besuchen darf Nehemia die Palafitos bis heute nicht. Noch nicht. Die Regierung fürchtet, dass er gemeuchelt würde. Sie stellt ihm tagtäglich einen Bodyguard an die Seite, weil sie sein Leben in Gefahr sieht. Bedroht durch seine früheren Opfer und vielleicht noch mehr durch seine ehemaligen Kampfgefährten, die zum Teil bis heute aktiv sind.

Aber Nehemia darf schreiben. Und das tut er auch. „Es ist ein langer Brief geworden, denn ich hab alles hineingeschrieben, was mir auf dem Herzen lag", berichtet Nehemia mir. Er weiß: Vergebung kann ein Mensch sich nicht einfach vornehmen oder von anderen erzwingen. Die Bereitschaft zur Vergebung ist ein Geschenk Gottes. Deshalb drückt er aus, dass er die Last der Verantwortung für das Massaker mit sich herumträgt. Dass ihn das bis heute unsäglich belastet. Dass er deshalb aufrichtig um Vergebung bittet. Und dass er vor allem darum betet, dass seine Bitte auf den Palafitos richtig ankommen wird.

„Die Wahrheit wird euch frei machen" (Johannes 8,32b). Diesen Satz Jesu hat Nehemia im Gefängnis als Lebensmotto entdeckt. Und jetzt will er Stück für Stück beides umsetzen: die Wahrheit sagen (und dazu gehören für ihn eben auch die aufrichtige Reue und die Bitte um Vergebung). Dann erleben, dass Jesus von Schuld befreit. Dass er den betroffenen Opfern Trost und Beistand schenkt. Und sie frei macht von Hass und Bitterkeit.

Nachdenklich verabschiede ich mich von Nehemia. Den Bericht über seine Lebenswende empfinde ich als absolut glaubwürdig.

Und ich staune, als ich am nächsten Tag in einem Gefängnis in Barranquilla zwei Männer kennenlerne, die gerade eine ähnliche Wende versuchen. Beide haben einst in der Truppe von Nehemia die Palafitos gestürmt. Beide waren an dem Massaker aktiv beteiligt. Palito und Keki (so ihre Spitznamen; ihre richtigen Namen soll ich aus Sicherheitsgründen nicht erfahren) sitzen jetzt gemeinsam mit anderen ehemaligen Anführern von Guerilla, Paramilitärs und Armee ihre hohen Haftstrafen ab.

Vor ein paar Wochen erst hat Keki sich zu einem Brief durchgerungen, höre ich. Sehr schwergefallen sei ihm das, gesteht er mir. Jenny habe ihm dabei helfen müssen, eine Mitarbeiterin von *Prison Fellowship,* die hier in Baranquilla als „Engel der Gefangenen" gilt. Jenny, eine junge Frau Mitte dreißig, die sich durch Charme, Freundlichkeit und jede Menge Power einen schon fast legendären Ruf erarbeitet hat. Die gleichzeitig beliebt ist bei Kriminellen und Polizisten, bei Gefangenen und Gefängnispersonal. „Ohne Jenny hätte ich diesen Brief nie schreiben können", gibt Keki zu.

Ich spüre, dass er mit den Tränen kämpft. Doch er spricht weiter. Vielleicht schafft er das nur deshalb, weil Jenny plötzlich neben ihm steht und ihm, ohne ein Wort zu sagen, die Hand auf die Schulter legt. Und da, auf der Schulter des muskulösen

Mannes, bleibt ihre Hand liegen. Minutenlang. „Ich habe im Brief ausgedrückt, wie sehr ich mit den Angehörigen trauere. Und ich habe um Entschuldigung gebeten", sagt Keki, bis ihm die Stimme versagt.

Palito, einstiger Kampfgefährte und jetziger Mithäftling, schaltet sich ins Gespräch ein. „Mir ist es so wichtig, dass wir irgendwann einmal ganz direkt mit den Opfern auf den Palafitos sprechen können. Ich war selbst ein Opfer der Gewalt, zwei Onkel von mir wurden getötet, ich weiß, wie sich das anfühlt. Weil ich das so schrecklich fand, wollte ich Rache und bin zu den Paramilitärs gegangen. Wir wollten eigentlich Gerechtigkeit, aber wir haben dabei alles falsch gemacht. Ich bereue so sehr, dass so viele Menschen Opfer unserer Gewalt wurden", sagt Palito. Und stoppt seinen Redefluss nur für ein paar Augenblicke. „Inzwischen habe ich mich total verändert, bin ein neuer Mensch geworden. Ich möchte die zweite Chance nutzen, die Jesus mir für mein Leben gibt."

Eine Antwort auf seinen Brief an die Palafitos hat Keki bisher nicht bekommen. Jenny erklärt ihm und mir: Man hat den Brief vielen Menschen dort vorgelesen. Weil die meisten Erwachsenen auf den Inseldörfern nicht lesen und schreiben können, ist eine schriftliche Antwort nicht möglich. Aber: Zum Gespräch seien die Menschen bereit, zur persönlichen Begegnung.

Organisatorisch eine Herausforderung für Jenny und die anderen Mitarbeiter von *Prison Fellowship*. Sie müssen dafür sorgen, dass eine Gruppe von Menschen auf den gleichen abenteuerlichen Wegen von den Palafitos über den See, die Flüsse, die Pfade und die Straßen hierher ins Gefängnis kommen, auf denen wir zu ihnen gelangt sind. Doch im nächsten Frühjahr soll es so weit sein, berichten Keki, Palito und Jenny mir übereinstimmend. Dann soll eine Besucher-Delegation von den Palafitos ins Gefängnis nach Barranquilla kommen.

Keki ist die frohe Erwartung schon heute abzuspüren: „Ich möchte mir selbst und vor allem den Opfern beweisen, dass ich ein anderer Mensch geworden bin. Wenn sie hierherkommen, dann können wir reden, endlich. Dann kann ich direkt bei ihnen um Entschuldigung bitten." Bei diesen Aussichten glimmt Hoffnung auf in den sonst so traurigen Gesichtern der beiden Häftlinge.

Ich stutze. Diese Traurigkeit kommt mir auf einmal bekannt vor. Sie erinnert mich an die Gesichter, die mir auf den Palafitos aufgefallen sind.

Ich stelle meine letzte Frage: „Was müsste denn geschehen, damit ihr beide gemeinsam mit Nehemia und den Menschen aus den Palafitos fröhlich sein und vielleicht sogar lachen könntet?"

Keki muss nicht lange überlegen: „Wenn wir uns treffen, dann sollten wir einander ganz offen all das sagen, was wir auf dem Herzen haben. Wir sollten wirklich um Vergebung bitten und einander vergeben. Und dann sollte es etwas Feines zu essen geben, ein richtiges Festmahl. Wir werden gemeinsam feiern. Und dann irgendwann hoffentlich auch gemeinsam fröhlich lachen."

Noch ist diese Hoffnung Zukunftsmusik. Noch tragen die Gesichter auf den Pfahlbauten und die im Gefängnis traurige Schatten. Doch nach den vielen kleinen Schritten in die richtige Richtung habe ich das Gefühl: Die Aussichten auf eine versöhnte Zukunft sind vielversprechend.

17.

Ab jetzt bin ich dein Buddy –
Santoro

Santoros Start im *Seehaus* beginnt im Frühjahr 2018 mit einem komischen Gefühl. „Crazy" ist das, was er hier vorfindet. Völlig anders als alles, was er bisher erlebt hat.

Doch sein „Buddy" erklärt ihm alles, was Santoro nicht begreifen kann. Und er spricht dabei Klartext: „Du musst dich an Regeln halten. Du musst pünktlich sein. Gewalt ist tabu – mit Worten und mit Fäusten. Du musst mithelfen. Du kriegst Verantwortung. Wenn du dich bewährst, steigst du auf. Kriegst mehr Freiheiten. Und ich stehe dir bei. Begleite und schütze dich."

Der Buddy ist ein Gefangener mit Erfahrung, der schon eine Zeit lang im *Seehaus* lebt. Und der jetzt den Neuling Santoro wie einen kleinen Bruder unter seine Fittiche nimmt. Und das fast im wortwörtlichen Sinne: In der ersten Zeit muss Santoro seinem Buddy überallhin folgen. Ihm auf Armlänge nahe sein. Immer. Den ganzen Tag. Sogar beim Gang zum Klo. Einzige Ausnahme: Wenn ein Mitarbeiter in seiner Nähe ist, darf Santoro auch mal ohne den Buddy unterwegs sein.

„Ist das nicht unglaublich streng?", frage ich.

Santoro lacht mich aus. Sein Gesichtsausdruck sagt mir so was wie „Du hast doch keine Ahnung!". Vor dem *Seehaus* saß Santoro eineinhalb Jahre im Jugendgefängnis Adelsheim. Nach mehreren Fällen von schwerer Körperverletzung hatte er eine „Zwei-Komma-Acht" abzusitzen – so der Slang-Ausdruck der *Seehaus*-Jugendlichen für zwei Jahre und acht Monate Haftstrafe. „Ganz im Gegenteil!" Nach der Zeit im Gefängnis habe er sich im *Seehaus* von Anfang an wie ein freier Mensch gefühlt, sagt Santoro. Allein schon, weil er sich an einen gemütlichen langen Tisch setzen durfte. Zusammen mit den Hauseltern Ben und Esther und ihren Kindern. Und weil die Atmosphäre freundlich und offen war. Und eben weil sein Buddy für ihn da war. Sich für ihn einsetzte. Ihm alles erklärte.

Santoro erzählt mir begeistert von seinem Buddy. Und davon, wie viel er dem zu verdanken hat. Denn in seinem bisherigen Leben hat Santoro – der sich für dieses Buch einen spanischen Namen ausgesucht hat, obwohl er türkische Wurzeln hat – nicht allzu oft zuverlässige Menschen kennengelernt, die sich für ihn eingesetzt haben.

Als Kleinkind musste er zusehen, wie seine Mutter von seinem Vater mehrfach halb tot geschlagen wurde. Gewalt prägte Kindheit und Jugendzeit. Sehr früh begann er zu klauen, machte Erfahrungen mit Alkohol, Haschisch, Kokain. Und schlug zu, immer öfter, immer heftiger. Mit den Fäusten. Mit einem Stuhl. Mit einem Schlagring. „Keiner hat mir einen anderen Weg gezeigt, wie man Probleme lösen könnte", sagt Santoro. Und weiter: „Wenn ein Mensch verletzt ist, dann verletzt er auch andere."

Diesen Satz hat er mal von einem Prediger gehört, bei einem großen christlichen Pfingsttreffen von jungen Leuten im schwäbischen Aidlingen. Gemeinsam mit anderen *Seehaus*-Jungs und Mitarbeitern konnte der Moslem Santoro dieses Treffen besuchen. Er fühlte sich verstanden und behielt den Satz im Kopf. Aber sein Blick verdüstert sich, als er ihn vor mir ausspricht.

Doch dann hellt sich Santoros Miene wieder auf. Er beginnt mir zu erzählen von seinem Start im *Seehaus*. Gerät ins Schwärmen: Was Hölle ist, das habe er erlebt, in der zerbrechenden Familie und im Knast. „Jetzt im *Seehaus*, das ist das Paradies", meint er. „Mir war von Anfang an klar: Das ist meine letzte Chance. Wenn ich die nicht nutze, dann sterbe ich eines Tages mit einer Kugel im Kopf oder an einer Überdosis."

Die Chance will er unbedingt nutzen. Mithilfe seines Buddys hat er die ersten Schritte geschafft. Und anschließend alleine weitergearbeitet. Bis heute. Und genau heute ist der Tag, an dem Santoro selbst als Buddy Verantwortung übernimmt. Verantwortung für den Neuling Martin.

Martin ist ein unsicher wirkender Schrank von einem Mann. Ganz frisch aus dem Gefängnis im *Seehaus* eingetroffen. Und Santoro zugeteilt. Auf Armlänge.

Wie kommt Santoro bisher klar mit Martin? Santoro grinst breit und beantwortet damit schon fast meine Frage. Dann berichtet er stolz von einem Gespräch vor ein paar Stunden. Da hat Martin in der Runde zugegeben, dass er eine Schwachstelle hat. Dass er ziemlich schlapp ist beim Joggen. Und dass er gerne fit werden möchte. Santoro lobt seinen Schützling: „Das ist ganz selten, dass einer gleich am ersten Tag zugibt: ‚Das und das kann ich nicht so gut.' Das ist echt stark. Wenn er das zugibt und dazu steht, dann hat er schon was Wichtiges kapiert. Und ich werde mit ihm trainieren, damit er bald beim Laufen mithalten kann." Denn gejoggt wird im *Seehaus* zweimal die Woche. Gleich frühmorgens.

Santoro fühlt sich als Martins Mentor. Er bringt ihm behutsam die Regeln bei, die im *Seehaus* gelten. Er paukt mit ihm die zwölf Grundnormen, bis Martin die in- und auswendig beherrscht. Und die Normen dann auch wirklich verinnerlicht und anwenden kann. Wenn Santoro in einem Vierteljahr entlassen wird, dann soll Martin gut alleine zurechtkommen.

Über seine Aufgabe freut sich Santoro. Freut sich darüber, dass ihm so viel Vertrauen entgegengebracht wird. Zieht Selbstbewusstsein und ein wenig Stolz daraus. Beides wird er brauchen, wenn er wieder „draußen" zurechtkommen muss. Seine Ausbildung weitermachen. Eine Wohnung finden. Sich eine Existenz aufbauen.

„Meine größte Angst ist, dass ich meine Familie enttäuschen könnte", sagt er mir. Und deshalb will er sich zur „Nachsorge" anmelden. Will sich weiter begleiten und unterstützen lassen vom *Seehaus*-Team. Denn im Leben dort draußen wird er keinen Buddy an der Seite haben, aber – wenn er das möchte – von Zeit zu Zeit Unterstützung durch *Seehaus*-Mitarbeiter, die für ihn da sind. Ihn beraten. Ihn begleiten, warnen und motivieren. Fast so wie ein Buddy eben.

Drei Monate nach unserer Begegnung im *Seehaus* kommt Santoro auf freien Fuß. Endlich. Ein paar Wochen später telefonieren wir.

„Wie läuft's?", will ich wissen.

Santoro grinst ins Handy. „Prima. Ganz prima", antwortet er. Und erzählt mir in knappen Sätzen davon, dass er bei einem Bautrupp arbeitet. Gutes Geld verdient. In ganz Baden-Württemberg unterwegs ist: Rohbauten trocken legt. Zupackt, wo Kraft gefordert ist. Bei einem Unternehmen, das schon lange mit dem *Seehaus* zusammenarbeitet. Das immer wieder einmal junge Männer wie Santoro bei der Rückkehr in die richtige Welt unterstützt.

Eine Ausbildung machen, dass sei nicht so sein Ding, lacht Santoro. „Aber man kann sich ja hocharbeiten!" Dass er dazu das Zeug hat, hat er ja im *Seehaus* schon bewiesen. Nein, einen

Rückfall habe es bisher nicht gegeben, betont Santoro. Und das werde er auch schön vermeiden.

Zum *Seehaus* hat er Kontakt gehalten Und will es auch künftig tun. Besonders wichtig dabei: Ben, einer seiner ehemaligen Hausväter. „Mit dem kann ich einfach quatschen", sagt Santoro. Und auch mit neugierigen Medienleuten wie mir gegenüber ist er bereit zu „quatschen". Ich spüre: Santoro ist stolz darauf, dass er seine Geschichte erzählen kann. Und dass Teile daraus sogar im Magazin *Der Spiegel* abgedruckt waren.

„Passt schon", bemerkt Santoro trocken, als ich mich am Ende des Telefongesprächs für seine Offenheit bedanke. „Ich will doch den Jugendlichen dort draußen helfen. Sie sollen kapieren, wo es hinführt, wenn man auf die schiefe Bahn kommt!"

Irgendwie denkt Santoro immer noch wie ein verantwortungsbewusster Buddy. Stark!

18.

Ein Stückchen Paradies im Vorhof zur Hölle –

Zu Besuch im berühmt-berüchtigten Gefängnis *Bellavista*

Heute also werde ich *Bellavista* persönlich kennenlernen. Das Gefängnis mit dem traurigen Ruf. Die berüchtigte Brutstätte von Willkür und Gewalt. Vor ein paar Jahren habe ich zum ersten Mal gehört von den furchterregenden Zuständen im Drogenknast von Medellín. Von auf engstem Raum zusammengepferchten Gefangenen – bis zu achttausend in einem Komplex, der einmal für etwa sechzehnhundert Menschen geplant war. Von schlimmen Lebensbedingungen, die zu einer explosiven Mischung aus Gewalt, Verzweiflung und Machtmissbrauch führen. Von Bandenkriegen innerhalb der Mauern.

Und sogar – kaum vorstellbar – von Gefangenen, die Mithäftlinge töten, sie enthaupten und mit den Köpfen Fußball spielen. *Bellavista*, die Hölle auf Erden. Oder zumindest ein Vorhof davon.

Und dann noch dieser extrem unpassende Name: *Bellavista*, zu Deutsch: „Schöne Aussicht". Der Name des berühmt-berüchtigten Gefängnisses klingt in meinen Ohren wie Hohn.

Heute also werde ich *Bellavista* endlich selbst sehen – von innen. Die Zustände sollen sich etwas gebessert haben, höre ich vorher von Menschen, die sich regelmäßig um Gefangene kümmern. Nicht zuletzt dadurch, dass sich verschiedene Organisationen um die Gefangenen kümmern. Die katholische Kirche z. B. Oder die *Confraternidad Carceleria de Columbia* (der kolumbianische Zweig von *Prison Fellowship International,* also eine Schwesterorganisation des deutschen *Seehaus e. V.*). Mit deren Mitarbeitern starte ich zu meinem einzigartigen Besuch.

Ich frage mich: Wie geht es zu in diesem Gebäudekomplex? Wie leben die Menschen in diesem von hohen Mauern umgebenen Dorf am Rande der Millionenstadt Medellín mit seinen heute etwa „nur" noch rund viertausend unfreiwilligen Einwohnern?

Ich gestehe, dass mein Puls etwas schneller pocht, als wir vor dem großen blauen Gefängnistor aus dem Auto steigen. Die Mitarbeiter von *Prison Fellowship* haben mich bestens vorbereitet: Nur meinen Reisepass darf ich mitnehmen, einen Kugelschreiber, ein kleines Notizbuch.

Umständlich tippt ein missmutiger Beamter an der Pforte meine Daten in seinen vorsintflutlichen Computer. Er wirkt irritiert. Schaut fragend in die Luft. Wundert sich dann, dass meine deutsche Reisepassnummer im Wesentlichen aus Buchstaben besteht und nicht aus Zahlen.

„Das haben wir hier noch nie gehabt, da könnte ja jeder kommen", scheint er sagen zu wollen. Doch nachdem ich ihm ein paarmal versichert habe, dass das wirklich meine Reisepassnummer ist, tippt er sie im Ein-Finger-Suchsystem ein. Eine gute Viertelstunde lässt er sich Zeit für diesen Verwaltungsakt. Als wollte er meine Anspannung weiter steigern.

Minuten später empfängt mich die nächste Überraschung: Ich muss meinen Ehering abziehen, darf ihn im Gefängnis nicht tragen. Doch das ist leichter gesagt als getan: Jetzt in der kolumbianischen Vormittagshitze von etwa fünfundzwanzig Grad will der Ring sich einfach nicht über den dicken Fingerknöchel streifen lassen. Ich ziehe, wackle, schiebe. Schweißperlen bilden sich auf meiner Stirn.

Nach zehn Minuten ist mein Fingerknöchel deutlich gerötet, die Haut an manchen Stellen etwas abgeschabt. Den Ring aber habe ich in der Hand und kann ihn Juan Pablo anvertrauen. *Prison Fellowship*-Mitarbeiter Juan Pablo, eine Art Gefängnispfarrer und mein Kontaktmann im *Bellavista*-Gefängnis. Seit sieben Jahren arbeitet er hier. Verbringt unzählige Tage im Gefängnis, von morgens bis abends.

„Du lebst ja auch fast wie ein Gefangener", lächle ich. Juan Pablo nickt zustimmend: „Ja, aber ich bin froh, dass ich zum Schlafen nach Hause darf."

Gemeinsam mit Juan Pablo bin ich auf einen Sprung ins Büro des Gefängnisdirektors Capitàn Celiano Rivera Bermudez eingeladen. Ein mäßig freundlicher Empfang. Der Herr Direktor hebt an zu einer Rede, die er vermutlich schon Hunderte von Malen gehalten hat. Ich soll verstehen, dass *Bellavista* viel besser sei als sein Ruf, empfiehlt er mir. Dass es nicht die „Schule der Kriminalität" sei, wie viele böse Zungen behaupten. Und dass er regelrecht begeistert ist von Organisationen wie *Prison Fellowship,* die sich um seine Häftlinge kümmern. „Ihr werdet sehen, dass nicht jeder Kolumbianer ein Kerl wie Pablo Escobar ist", versucht er witzig zu sein.

Dann weicht er offensichtlich vom normalen Redetext ab. Er kapiert wohl, dass er einen Besucher aus Deutschland vor sich hat. Strahlend wirft er mir einen Begriff zu, den ich nicht gleich einordnen kann: „Bayan munschan" oder so ähnlich. Ah, der Groschen fällt bei mir, der Herr Direktor redet von Fußball. Bayern München ist das einzige Team aus Deutschland, das er kennt. Schönen Gruß an die Isar.

Gut eine Stunde ist schon vergangen für die paar Meter vom großen Tor bis durchs Büro des Direktors. Unsere nächste Station sieht schon deutlich mehr nach Gefängnis aus: ein Gittertor, das in eine Art Eisenkäfig führt. Davor ein Wachposten, der uns so finster anblickt, als wolle er uns am liebsten selbst einbuchten. Wir sollten warten, gibt er uns zu verstehen.

Zum Glück ist Juan Pablo ein geduldiger Mensch. Er steckt mich an mit seiner freundlichen Gelassenheit. Ich sitze einfach auf einer Besucherbank und lasse die Umgebung auf mich wirken.

Uns gegenüber sammelt sich gerade eine Gruppe von Aufsehern. Sportlich wirkende junge Männer in blau-grau gescheckten Uniformen, viele mit extrem kurzen Haaren. Etliche von ihnen tragen schwarze Knüppel am Gürtel, andere Pistolen. Doch sie scherzen miteinander, als ginge es zum Betriebsausflug. Als etwa ein Dutzend von ihnen zusammen ist, erhalten sie offenbar den Marschbefehl zum Dienstantritt. Verschwinden durch irgendeine Tür der großen Gefängnismauer nach drinnen.

Ein paar Minuten später öffnet sich auch für uns eine Tür. Direkt dahinter erwartet uns das nächste Hindernis: Ein Beamter in Blaugrau kontrolliert meinen Pass. Vergleicht die Passnummer. Streicht die Kuppe meines rechten Zeigefingers mit schwarzer Farbe ein. Führt den Finger zu einem großen Protokollbuch und sorgt für einen sauberen Fingerabdruck.

So sorgfältig geht er dabei vor, dass am Ende sogar mein komplizierter Nachname korrekt geschrieben neben dem Fingerabdruck steht. Einen gelben Zettel mit meinen Daten steckt er noch in meinen Reisepass, dann winkt er mich durch.

Ein paar Schritte weiter erwartet mich ein Body-Scanner wie am Flughafen. Ich muss den Gürtel ablegen und langsam hindurchgehen. Alles in Ordnung. Jetzt wird noch ein unsichtbares Zeichen auf meinen rechten Unterarm aufgebracht (das nur unter UV-Licht zu erkennen ist und beim Ausgang wichtig wird), dann öffnet sich eine weitere Eisentür. Gemeinsam mit Juan Pablo betrete ich nach etwa neunzig Minuten den eigentlichen Gefängnisinnenraum. Endlich.

Erschrocken lande ich in einem dunklen, niedrigen, lang gezogenen Gang – eine Rampe, die schräg nach oben führt. Ich begreife: Jetzt bin ich wirklich drin. Im *Bellavista*. Im Vorhof der Hölle.

Wir biegen innerhalb des Ganges um eine Ecke. Treten hinaus ins Licht. Sehen einen Sportplatz vor uns. Viel Beton. Die etwa sechs Meter hohe Gefängnismauer an einer Seite, darauf jede Menge Stacheldrahtrollen. Ein kleiner Hartplatz, auf dem einige Häftlinge mit einem Ball beschäftigt sind. Drumherum sitzen Dutzende von jungen Männern aller Hautfarben. Die Atmosphäre wirkt auf mich eher gelangweilt als angespannt. Manche der Gefangenen blicken kurz zu uns auf. Wenige wenden sich demonstrativ ab. Einige wollen uns die Hand schütteln. Andere stieren mit offenkundig von Drogen vernebeltem Blick durch uns hindurch.

Ich sehe mich um und bekomme Beklemmungen, obwohl wir unter freiem Himmel sind. Nehme den Ring der gewaltigen Gefängnismauern wahr. Sehe den Stacheldraht überall. Die vielen Gitter, links, rechts oben, unten. Die vielen abgeschlossenen Tore und Türen. Die qualvolle Enge. Die Massen von Männern. Ich erschrecke, weil mir klar wird: Das hier ist für viele von ihnen die Endstation.

Dann stellt mir Juan Pablo Edwin vor, einen Häftling, den ich auf Mitte vierzig schätze. Ein stiller Mann, der kaum die Augen hebt, als wir einander die Hand schütteln. Mehr als zehn Jahre schon lebt Edwin hier. Auf der beigefarbenen Weste, die er über sein T-Shirt gestreift hat, sehe ich den Namen der Gefangenen-Hilfsorganisation eingestickt. Auf seinem Rücken steht: „capella lider". Ich erfahre: Edwin ist eine Art ehrenamtlicher Pastor.

Er und einige andere Gefangene sind im Gefängnis Christen geworden. Haben eine Freundschaft mit Jesus begonnen, die ihnen die Kraft zur Veränderung gibt. Sie haben sich ihrer Schuld gestellt. Ihr Leben in Ordnung gebracht. Sie haben versucht, mit ihren Opfern Kontakt aufzunehmen. Um Entschuldigung zu bitten. Haben manchmal Vergebung erfahren. Und inneren Frieden. Freiheit hinter Mauern.

Weil sie selbst so tief bewegt sind von dieser Erfahrung, wollen sie sie weitergeben an ihre Mithäftlinge. Für Edwin bedeutet das konkret: Er möchte für die Männer von „Patio 9" da sein.

Was das ist, so ein Patio? Edwin will es mir zeigen. Macht sich auf den Weg und signalisiert mir, dass ich ihm folgen soll.

Wir gehen durch endlose Gänge. Sehen eine lange Schlange von Männern. die mit einem Plastikteller in der Hand auf die Ausgabe des kärglichen Mittagessens warten. Nehmen im Vorbeigehen Dreck und Gestank, Angst und Elend wahr. Schreckliche Zustände. Dann biegt Edwin rechts um die Ecke und macht mir deutlich: Hier sind wir richtig: Patio Nummer 9. Seine Heimat. Seit Jahren. Und noch auf unbestimmte Zeit.

Ich stehe in einem engen Hof, etwa so groß wie ein Tennisplatz, aber schmaler und deutlich länger. Die genaue Ausdehnung kann ich nicht übersehen, denn überall hängen Wäschestücke achtlos über kreuz und quer aufgespannten Leinen. Wir tauchen unter Decken, T-Shirts, Socken, Unterhosen hindurch. Müssen gut achtgeben, denn auf dem Boden liegen jede Menge zerschlissener Matratzen herum, verknäulte Decken, Plastikplanen, Kissen. Und überall sind Männer. Sie stehen allein oder in Grüppchen herum. Etliche liegen oder hocken auf dem Boden. Einige trainieren mit selbst gefertigten Hanteln oder einfachsten Sportgeräten. Aus einer uralten Box dröhnt rhythmische Musik.

Edwin erklärt mir: Etwa dreihundertzwanzig Männer leben zurzeit in diesem Innenhof (das etwa bedeutet Patio wörtlich), in diesem abgeschlossenen Bezirk innerhalb der Gefängnismauer. Er schätzt, dass drei von vier seiner Mitbewohner drogenabhängig sind. Dass höchstens jeder dritte sich ein winziges Bett im Inneren des Gebäudes leisten kann.

Ein Bett und ein Dach über dem Kopf bekommt hier nämlich nur der, dessen Familie ihm genug Geld dafür besorgt. Oder der sich im Gefängnis mit Drogengeschäften oder anderen krummen Dingern selbst etwas verdienen kann.

Wer kein Geld hat, schläft draußen, bei jedem Wetter. Wer ein wenig Geld hat, darf sich nachts in irgendeine dunkle Ecke im Innern kauern. Oder in einen Verschlag kriechen, der nicht wesentlich geräumiger ist als ein Sarg.

Es ist zum Heulen.

Junge, kräftige Männer schlagen hier den Tag tot. Manche von ihnen warten jahrelang auf einen Prozess. Quälend lange. Klar, das hier ist ein Gefängnis und keine Wellness-Oase, sage ich mir. Klar, die meisten der Männer sind Verbrecher, sie haben geraubt, vergewaltigt, zugeschlagen oder gemordet. Doch sie sind Menschen und hätten eigentlich eine menschenwürdige Behandlung verdient. Und viele von ihnen kommen aus solch katastrophalen Verhältnissen, dass der Weg in die Kriminalität fast vorgezeichnet war.

Und wenn sie dann verurteilt werden, kann das Urteil heftig ausfallen: Haftstrafen von 30, 40 Jahren sind keine Seltenheit.

Wie hält man es in diesem Loch auch nur eine Woche aus, frage ich mich. Wie kann ein Mann ohne Perspektive in dieser trostlosen Umgebung überleben?

Mein angenehmer „Gefängnis-Reiseführer" Edwin nimmt mich mit in sein „Zimmer". Vier Quadratmeter groß ist es etwa, hat kein Fenster nach außen, nur eine kleine Tür. Jeder Zentimeter ist genutzt. Das Brett, das ihm als Schlafunterlage dient, füllt fast die Hälfte des Raumes aus. An der Wand hängen Schwarz-Weiß-Kopien von Fotos. „Meine Familie", zeigt Edwin stolz. Doch dann wirkt er auf einmal ganz still.

Ein erstaunlicher Pastor ist dieser Gefangene, der selbst eine lange Strafe abzusitzen hat. Tagtäglich bietet er den Männern in seinem Patio Hilfe an. Erzählt ihnen, was ihm selbst Hoffnung und Lebensfreude zurückgegeben hat. Lädt sie ein zum gemeinsamen Lesen der Bibel. Betet mit ihnen für ihre Anliegen. Für ihre Familien zu Hause. Für einen fairen Prozess. Für die Kraft, den harten Gefängnisalltag durchzuhalten.

Zwanzig, manchmal fünfundzwanzig der Männer in seinem Patio nehmen dieses Angebot an. Lernen von Edwin das aus der Bibel, was er zuvor von einem der „echten" Gefängnispfarrer gehört und tief verinnerlicht hat.

„Es hört sich vielleicht komisch für dich an", meint Edwin, „aber ich glaube: Gott hat mich hierher nach *Bellavista* geschickt. Für mich ist das hier wie eine Schule des Lebens. Ich habe gelernt, zu meiner Vergangenheit zu stehen. Ich habe meine Schuld begriffen und um Vergebung gebeten. Und seitdem bin ich innerlich ein freier Mensch geworden."

Über seine Vergangenheit mag Edwin nicht mit mir sprechen. Seine Verbrechen seien bereut und vergeben, sagt er. Er sei heute ein anderer Mensch. Ein neuer Mensch.

Mir fällt Rober ein, den ich ein paar Tage vor meinem Besuch im Gefängnis „draußen" in Medellín kennengelernt habe. Und der mir sehr offen von seiner Vergangenheit erzählt hat. Ich traf ihn im Büro von *Prison Fellowship,* für die Rober gelegentlich als Rechtsanwalt tätig ist. Der etwa vierzigjährige Anwalt mit dem schmalen Gesicht und dem freundlichen Blick kennt das Gefängnis *Bellavista* wie seine Westentasche.

Als Rober zu erzählen beginnt, kann ich kaum glauben, was der Mann alles hinter sich hat. Als Teenager erlebt Rober ganz direkt die fürchterlichen Folgen von Gewalt. Sein älterer Bruder wird erschossen. Rober ist verzweifelt, alles in ihm schreit nach Rache. Er besorgt sich eine Waffe. Er zieht los und stellt die beiden, die seinen Bruder angeblich umgebracht haben sollen. Ohne mit der Wimper zu zucken, richtet er seine Waffe auf sie. Und erschießt sie kaltblütig. Damals ist Rober gerade einmal dreizehn Jahre alt.

Ein Dreizehnjähriger als Killer? Ich höre auf, mir Notizen zu machen. Schaue mir den Mann noch einmal genauer an. Finde in seinem Gesicht keinerlei Hinweis auf seine grausame Vergangenheit. Freundlich wirkt er auf mich, offen für unser Gespräch, ohne Mätzchen oder Allüren. Einfach ein netter Typ, in meinen Augen. Harmlos wie einer, der keiner Fliege etwas zuleide tut. Ich muss feststellen, dass ich mich auf meine Menschenkenntnis nicht in jeder Lage verlassen kann.

Rober erzählt mir weitere haarsträubende Dinge über sich selbst. Wie er in den Dienst des berühmt-berüchtigten Drogenbosses Pablos Escobar eintrat. Wie er schnell aufstieg zum Kopf einer Killertruppe von zwei-, dreihundert jungen Kerlen, sogenannten „Sicarios".

Hab ich das jetzt wirklich richtig verstanden? Ich frage noch einmal nach, weil ich es kaum glauben kann: Rober wurde Befehlshaber von einer schlagkräftigen Truppe von Berufskillern. Jungen Leuten, die davon leben, Menschen umzubringen. Im Auftrag ihres obersten Bosses Pablo Escobar. Oder auf Anweisung irgendwelcher anderer Auftraggeber, die sie für ihre Arbeit bezahlen.

Beendet wurde diese blutige Karriere Robers durch eine spezielle Aktion im Jahr 1999: Einen „Großauftrag" sollen seine Männer und er ausführen. Sollen eineinhalb Millionen Pesos – gerade einmal rund vierhundert Euro – dafür kassieren, dass sie vier Männer auf einen Schlag hinrichten. Rober zieht mit einer gewaltbereiten Truppe los. Will die vier mit einem Schlag erledigen. Doch er muss vor Ort feststellen: Die Absprachen mit der Polizei haben nicht geklappt. Normalerweise werden korrupte Beamte geschmiert, damit sie nicht in der Nähe einer geplanten Hinrichtung auftauchen. Doch jetzt ist da plötzlich ein Motorrad mit zwei Polizisten. Die rufen Verstärkung. Und sorgen dafür, dass Rober gefasst wird. Verurteilt zu fast sechzig Jahren Haftstrafe. Und dann sofort ins Gefängnis eingeliefert. Ins berüchtigte *Bellavista* in Medellín.

Ob denn der erste Tag dort für ihn sehr schlimm war, frage ich Rober. Er scheint meine Frage nicht zu verstehen. Für ihn habe sich im Gefängnis praktisch nichts verändert, meint er. Als Kopf einer Killerbande sei er sofort in den Patio der Bandenbosse gekommen. Und dort zu Luxusbedingungen inhaftiert gewesen. Völlig anders als die vielen Mithäftlinge in den überfüllten Patios gleich um die Ecke.

Seine Waffen habe er behalten dürfen – wer Geld hat, könne alles ins Gefängnis schmuggeln. Und Geld habe er ausreichend in der Tasche gehabt und sich damit alle Vergünstigungen besorgen können. Seine Familie habe ihn besuchen und auch bei ihm bleiben dürfen. Es habe ihm im Grunde an nichts gefehlt. Wie draußen im richtigen Leben auch habe er seine „Führungsaufgaben" erfüllt. Habe befohlen, wer von seinen Männern wann welches Opfer umzubringen hat.

Ich sehe Rober staunend an, doch er wiederholt: Wer Geld und Macht hat, der kann in *Bellavista* alles kriegen. Alles. Der hat so gut wie keine Einschränkungen zu erleiden.

Nur eines macht Rober in dieser Situation immer mehr zu schaffen: sein Gewissen. Erst will er es selbst nicht wahrhaben. Doch dann spürt er immer mehr, wie ihn die Schuld belastet. Die Verantwortung für die unzähligen Morde, die er angeordnet hat. Und die er weiterhin anordnen muss.

Rober, lange Jahre der brutale Kopf der Mörderbande, wirkt verletzlich und kleinlaut, als er mir von diesen Gefühlen berichtet. Und davon, dass eines Tages ein Christ bei ihm im Gefängnis aufgetaucht sei … und von Liebe, von der Liebe Jesu gesprochen habe.

„Wenn es deinen Gott wirklich gibt, dann soll er mir gefälligst heraushelfen aus diesem Mist. Ich will nicht länger jeden Tag den Befehl zum Töten geben müssen. Ich will endlich Frieden finden in mir drin." Mit diesen Worten will Rober den Prediger provozieren. Ohne groß nachzudenken, schiebt er ein Versprechen nach: „Wenn dein Gott das schafft, dann steige ich aus. Dann mache ich Schluss mit Mord und Totschlag!"

Der Prediger lässt sich nicht provozieren. Verständnisvoll sucht er das Gespräch mit dem Killer. Und kann Rober nach einiger Zeit die Freiheit des Evangeliums klarmachen. Rober sieht seine Lebenschance. Er macht ganze Sache. Gibt seine Waffen ab. Und teilt seinen bisherigen Kumpanen mit: „Ich will nicht mehr. Ich steige aus."

Als sich das herumspricht, bekommt er Besuch. Ein ranghoher Boss seiner Organisation besucht ihn im Gefängnis. „Du bist verrückt geworden!", muss Rober sich anhören. Doch er bleibt standhaft: „Ich gehöre nicht mehr dazu. Ich nehme auch kein Geld mehr von euch."

Rober will ein vollkommen anderes Leben beginnen. Er muss dazu eine Hundertachtzig-Grad-Wende hinlegen. Ein Leben als Nachfolger Jesus Christi anfangen.

Und das ausgerechnet im Gefängnis *Bellavista*. Er weiß:

177

Falls er hierbleiben muss, um seine lange Haftstrafe komplett abzusitzen, wird er die Gefängnismauern kaum lebendig verlassen können.

Doch Rober kann teilnehmen an einem besonderen Angebot, das die *Hoffnungsträger Stiftung* aus Deutschland finanziert. Dabei kommen Täter wie er mit Opfern von Verbrechen ins Gespräch. Sie sehen einander in die Augen. Berichten von Motiven und Erlebnissen. Bitten um Vergebung. Verzeihen sich selbst. Weil Jesus ihnen vergeben hat.

In einem solch herausfordernden Prozess lernt Rober ausgerechnet einen Mann kennen, dessen Bruder er einst ermordet hat. Und der ihm – nach einem langen und anstrengenden Prozess – dennoch vergibt. Heute sind die beiden enge Freunde.

Auf seinem Weg als frischgebackener Christ erlebt Rober eine schier unglaubliche Kette von Überraschungen. Für Rober sind sie handfeste Wunder: Seine Gefängnisstrafe wird verkürzt auf wenig mehr als zehn Jahre. Er kann *Bellavista* verlassen. Kann endlich zusammenleben mit seiner Frau und den beiden Töchtern. Er kann mit einem Studium beginnen.

Rober entscheidet sich für Jura. Ausgerechnet. Er schafft den Bachelorabschluss. Arbeitet als Rechtsanwalt. Und sorgt nun seinerseits dafür, dass sich Täter und Opfer von Verbrechen treffen. Dass sie einander von Erfahrungen berichtet. Einander vergeben. Sich versöhnen. Häftlinge wie Edwin in *Bellavista*. Auch Edwin wurde mit den Folgen seiner Taten konfrontiert. Er begann, bitter zu bereuen, was er getan hatte. Wandte sich per Brief an die Opfer beziehungsweise an die Überlebenden und bat um Verzeihung. Einer habe ihm tatsächlich zurückgeschrieben und ihm vergeben, berichtet Edwin mir. Und er wirkt dabei zum ersten Mal in unserem Gespräch erleichtert und glücklich.

Gegen Ende des Besuchs in *Bellavista* sitze ich mit Juan Pablo und Edwin in der sogenannten „Kapelle" zusammen, die *Prison Fellowship* hier eingerichtet hat. Ein zweckmäßig eingerichteter Raum für Gottesdienste und Bibelstunden. Hier kommen Opfer und Täter ins Gespräch. Hier trifft man sich zu Seminaren und Hilfsangeboten. Hier hat Edwin die Bibel kennengelernt. Und hat sich einen Bibelvers ausgewählt, der ihm besonders wichtig ist, einen Zuspruch Gottes. Jeremia 33,3: *„Rufe mich an, so will ich dir antworten und dir große und unfassbare Dinge kundtun."*

Die Botschaft der Liebe und der Vergebung gehört zu den großen und früher unfassbaren Dingen im Leben von Edwin. Er will sie immer besser begreifen. In seinem Leben umsetzen. Anderen davon berichten und sie auch dazu einladen.

Außer Edwin sind noch ein paar weitere *Bellavista*-Häftlinge zum Gespräch gekommen, die wie er ehrenamtlich als Patio-Seelsorger arbeiten. Alle tragen sie stolz die beige Weste, die sie als Ehrenamts-Pastoren ausweist.

„Ich bin ein Soldat für Christus", sagt mir der dunkelhäutige Luis. Er berichtet mir von Brutalität und Gewalt in seinen Jugendjahren und von seiner Kehrtwende im Knast. „Früher habe ich im Auftrag des Bösen gekämpft. Jetzt kämpfe ich für das Gute, für Gott selbst."

Die anderen Gefangenen spotteten manchmal über ihn, er sei verrückt für Gott, erzählt mir Luis und lächelt. „Recht haben sie. Ich tue Sachen, die ich früher selbst als verrückt bezeichnet hätte."

Juan Esteban schließt sich an: „Ich war ein aufmüpfiger Rebell, voller Hass", meint er. „Doch heute bin ich ein demütiger Mann. Demütig und dankbar. Und ich bete für die Menschen, die hier mit mir zusammen im Gefängnis leben und viel Zeit zum Nachdenken haben."

Viktor geht noch weiter: „*Bellavista* ist ein Segen für mich“, schwärmt er. Vor zwei Jahrzehnten sei er schon einmal kurz hier gewesen, aber damals habe er die Kurve nicht gekriegt. Jetzt aber habe er begriffen, worum es im Glauben an Jesus Christus geht. „Wenn ich nicht ins Gefängnis gekommen wäre, dann hätte ich Jesus nicht kennengelernt.“

Der Leitspruch aus der Bibel, den Viktor sich ausgesucht hat, spiegelt diese Begeisterung wider. Es ist Psalm 37,4: *„Habe deine Lust am Herrn, der wird dir geben, was dein Herz sich wünscht.“*

Die überschäumende Dankbarkeit trotz der unerträglichen Lebensbedingungen fordert mich zu einer kritischen Frage an Viktor heraus: „Mensch, das hört sich ja gerade so an, als würdest du dich hier, wo andere Leute die Hölle sehen, wie im Paradies fühlen.“

Viktor überlegt kurz. „Ja, *Bellavista* ist für mich tatsächlich ein bisschen zum Paradies geworden!“, nickt er.

Luis und Juan Esteban schließen sich an und stimmen zu. Und am Ende tut das auch mein Bruder Edwin.

19.

Eine Heimat für spezielle Menschen –

Warum das *Seehaus* eine Gemeinde gegründet hat

Sonntag, später Nachmittag, kurz vor siebzehn Uhr dreißig. Ein in die Jahre gekommenes Hotel an einer belebten Bundesstraße zwischen Leonberg, Sindelfingen und Stuttgart. Einst traf sich hier die Elite der weltbesten Rennfahrer, denn hier am Glemseck verlief die berühmte *Solitude*. Eine Strecke für Motorrad- und Autorennen. Schon vor einhundert Jahren jagten die tollkühnen Fahrer über den knapp zwölf Kilometer langen Rundkurs. Zwischen 1961 und 1964 gastierte sogar die Formel 1 auf der *Solitude*.

An diese rumreiche Geschichte erinnern sich Jahr für Jahr Zehntausende von Rennsportfans. Sie kommen an der historischen Strecke zusammen, um in Nostalgie zu baden. Um alte „Rennmaschinen" zu bewundern, zu fachsimpeln, sich an diese gute alte Zeit zu erinnern. Und um das eine oder andere Glas Bier zu trinken. In Gemeinschaft mit Gleichgesinnten. Am besten im Biergarten direkt am Hotel Glemseck. Auch wenn dieses Hotel seine besten Jahre sichtlich weit hinter sich gelassen hat und nur noch den Charme einer Bruchbude verströmt.

Doch nicht nur bei diesem Volksfest einmal im Jahr ist hier was los. Auch heute trifft sich in der angestaubten Lokalität eine bunte Schar von Menschen. So wie praktisch jeden Sonntag um diese Zeit. Wo einst die Motorsport-Stars abstiegen, versammeln sich jetzt Familien mit Kindern, junge Leute, Erwachsene. Einige per Fahrrad oder mit dem Auto aus der Umgebung angereist. Einige zu Fuß die paar Hundert Meter vom *Seehaus* herüberspaziert.

Hier kommen *Seehaus*-Mitarbeiter und ihre Familien zusammen. Ehrenamtliche, denen das *Seehaus* am Herzen liegt. Freundinnen und Freunde der Arbeit. Immer auch einige der jungen Männer, die gerade im *Seehaus* ihre Haftstrafen absitzen. Und gelegentliche einige „Alumni" – frühere *Seehaus*-Bewohner, die ihre Strafe bereits verbüßt haben. Und heute mehr oder weniger erfolgreich im Leben „draußen" gelandet sind.

Heute treffen sich all diese Menschen zum Gottesdienst. Zum Gottesdienst in einer ziemlich frisch gegründeten Gemeinde, wie sie absolut einmalig in Deutschland sein dürfte.

Verantwortlicher Leiter ist Ben Stock. Etwa vierzig Jahre jung. Sorgfältig gestutzter Bart. Freundliche Augen. Weiche Stimme. Ben kennt die Arbeit im *Seehaus* von der Pike auf. Hat schon viel investiert in junge Menschen, die den Weg aus der Kriminalität herausfinden sollen. Er sorgt sich aktiv um die „*Seehaus*-Jungs" und ihre Zukunft. Er möchte ihnen nicht nur den Umgang mit Regeln, Zuverlässigkeit oder gewaltfreier Kommunikation beibringen. Sie nicht nur auf ein selbstbestimmtes Leben in Freiheit vorbereiten. Sondern ihnen auch dazu Mut machen, ihr Leben „draußen" gemeinsam mit Gott zu führen.

Einige Jahre lang haben Ben und seine Frau Esther diese Ziele als Hauseltern einer der *Seehaus*-WGs verfolgt. Seit dem 8. Mai 2016 ist Ben ganz offiziell zum ersten Leiter dieser speziellen „Gemeinde am Glemseck" berufen worden – unter starker Beteiligung der benachbarten Kirchengemeinden und des zuständigen evangelischen Dekans aus Leonberg. Selbst der Bischof der Evangelischen Kirche von Württemberg, Frank-Otfried July, jubelte in seinem Grußwort: *„Es ist schön, dass hier ganz unterschiedliche Menschen zusammenkommen, um den christlichen Glauben miteinander zu leben. Dabei kann gezielt auf die besonderen Voraussetzungen, Erfahrungen und Bedürfnisse von straffällig gewordenen Jugendlichen oder von Menschen mit einer Suchterkrankung Rücksicht genommen werden, sodass sie am Leben der Gemeinde teilhaben können und dadurch die Erfahrung machen, angenommen zu sein.“*

Fast alles an Bens Gemeinde ist anders als in anderen Gemeinden. Der Claim kommt etwas flapsig daher und fasst Philosophie und Grundanliegen zusammen: *„Die Gemeinde, die so ist wie du: Echt. Anders. Da für andere.“*

Zum Selbstverständnis der Gemeinde gehört es, für alle Menschen offen zu sein. Nicht nur für Christen, sondern auch für Suchende und Zweifler. Zwar ist sie Teil der evangelischen Kirche, aber das mit einem weiten Herzen: überkonfessionell und ökumenisch. Ganz bewusst will die Gemeinde am Glemseck Heimat bieten für geflüchtete Menschen und Migranten. Und eben auch für junge Menschen, die straffällig geworden sind, die ein neues Leben beginnen wollen – mit der Hilfe von Gott und dessen Bodenpersonal.

Entsprechend vielfältig ist die Mischung von Besuchern, die Ben Sonntag für Sonntag hier begrüßen kann. Achtzig, manchmal einhundert Menschen und mehr strömen zusammen. Es erwartet sie keine Orgelmusik. Kein Choral. Keine klassische Kirchenmusik. Keine Liturgie. Keine abstrakte Predigt. Hier werden poppige „Lobpreislieder" auf Deutsch oder Englisch gesungen. Hier wird gelacht, gefeiert, gebetet, gesprochen, gebetet und miteinander gegessen. „Unsere Gemeinde will für Menschen da sein, die sich in anderen Kirchengemeinden nicht wohlfühlen würden", meint Ben. „Auch für solche, die am Rand der Gesellschaft stehen. Und gerade für die soll auch unser Programm gestrickt sein."

Ben lacht, als er mir von den Herausforderungen berichtet: Die *Seehaus*-Jungs sind nicht ganz freiwillig beim Gottesdienst dabei. Sie müssen sich zwischen zwei Programmpunkten entscheiden, entweder am Gottesdienst teilnehmen oder am Ethik-Unterricht. Kneifen gilt nicht. Aber übergestülpt wird den Jungs eben auch nichts. Sie allein treffen die Entscheidung. Und so gehen einige in den Gottesdienst, aus ganz unterschiedlichen Gründen. Ihnen gefällt die Gemeinschaft. Oder die Musik und das gemeinsame Singen. Oder sie sind einfach nur froh über die Abwechslung. Manche sind wirklich interessiert an den Inhalten. Und helfen sogar bei der einen oder anderen praktischen Aufgabe.

Andreas zum Beispiel, der im richtigen Leben anders heißt als hier im Buch. Andreas kümmert sich darum, dass die Power-Point-Folien mit den Liedtexten richtig sortiert sind. Und dass der richtige Text zur richtigen Zeit an der Wand zu sehen ist. Nur so kann die Gemeinde die schlichten Loblieder im modernen Popsound mitsingen.

Andreas sieht jünger aus als achtzehn. Wegen einer ganzen Serie von Straftaten muss er eine lange Jugendstrafe absitzen. Weil er mit seiner Clique durch den Schwarzwald zog, auf der Straße wildfremde Menschen anpöbelte und ausraubte.

„Warum das?", frage ich ihn. Andreas tut sich schwer zu erklären: Daheim sei er viel geschlagen worden, stammelt er. Seine Eltern seien aus Russland nach Deutschland eingewandert und könnten sich hier bis heute nicht gut verständigen. In der Schule hätten die anderen ihn gemobbt. Weil seine Eltern nicht viel Geld haben, hätten die Mitschüler bessere Klamotten gehabt als er selbst. Im Unterricht seien alle besser klargekommen als er selbst.

„Du bist einfach dumm und kannst nichts", diese Botschaft habe er oft hören müssen.

Ein älterer „Kumpel" brachte dann Andreas all das bei, was ihm ein neues „Selbstbewusstsein" verschaffen sollte: Automaten aufbrechen. Autos klauen. Menschen auf der Straße ausrauben.

Es fällt mir schwer, die Geschichte zu glauben. Der schüchterne Andreas soll ein Dieb und Schläger gewesen sein?

„Ich hab von morgens bis abends Kacke gebaut", kommentiert er trocken. Das etwas kräftigere Synonym, das mit „Sch…" beginnen würde, nimmt er nicht in den Mund. Denn für den Kraftausdruck würde er im *Seehaus* in einer Gruppensitzung kritisiert werden. Und in den Gottesdienst würde der Begriff schon gar nicht passen.

Andreas berichtet weiter. Nennt Stichwort auf Stichwort. Spricht von ADHS und starken Medikamenten. Von Jugendpsychiatrie. Vom Heim, in das er als Fünfzehnjähriger gesteckt wurde. In dem es einen Schwarzmarkt für Drogen, Messer und Schlagringe gab. In dem er sich jeden zweiten Tag prügeln musste. Von den Drogen, die er dort kennenlernte. Ecstasy zum Beispiel. Wenn er dafür kein Geld hatte, dann „spliffte" er eben Deo aus der Dose unter einem Handtuch und benebelte sich die Sinne damit wenigstens für ein paar Minuten.

Diese Horrorgeschichten klingen so unwirklich aus dem Mund des schüchternen Andreas. Ich frage mich, ob er damit angeben will. Ob er mich beeindrucken möchte. Aber dann fällt mir der große Ernst auf, mit dem er das alles rauslässt. Manchmal scheint Andreas den Tränen nah. Da macht einer nicht auf dicke Hose. Da hat einer zumindest ansatzweise begriffen, was er seinen Eltern angetan hat, sich selbst, seinen Opfern. Und der Gesellschaft.

„Jetzt bete ich darum, dass ich draußen mal besser zurecht-
komme als vorher", flüstert Andreas. Hab ich das richtig verstanden – der einst kriminelle Teenager, der sich einfach mit
Gewalt holte, was er wollte, der ruft heute Gott um Beistand
an?

„Ich hab mich im *Seehaus* für ein Leben mit Gott entschieden", erklärt Andreas mir kurz und knapp. „Ich bin hier durch
Höhen und Tiefen gegangen. Aber ich habe sehr viel gelernt.
Und das will ich mit nach Hause nehmen. Ich bete darum,
dass meine Zukunft gelingt."

Ob Andreas seine guten Vorsätze auch draußen im richtigen Leben beherzigen wird? Er hofft, dass ihm sein Glaube an
Gott dabei helfen wird. Und mit ihm der Jugendkreis einer
Kirchengemeinde in seinem Heimatort. Dort war er ab und
zu, bevor seine kriminelle Kariere so richtig losging.

„Einige von denen kenn ich ein bisschen", meint Andreas.
„Das sind coole Leute. Die respektieren mich. Die akzeptieren
mich, so wie ich bin. Ich hätte mir viel erspart, wenn ich bei
denen geblieben und nicht mit meinen ‚Freunden' rumgezo-
gen wäre."

Nach etwa eineinhalb Jahren im *Seehaus* wird Andreas bald
entlassen werden. „Wenn ich könnte, würde ich sogar noch
länger hierbleiben, um noch mehr zu lernen", sagt er. Und ich
spüre Angst und Unsicherheit vor dem Schritt in die Freiheit.

Schon bald wird ein anderer Jugendlicher sich um die Lied-
folien in der Gemeinde kümmern. Andreas wird vielleicht später mal als Besucher hierher zurückkommen. Geplant hat das
Andreas jedenfalls.

Ben, der Kopf der Glemseck-Gemeinden weiß: Viele Jungs
vergessen draußen sofort alle guten Vorsätze. Etliche aber kommen wieder. Und suchen weiter nicht nur den Kontakt zu den
Seehaus-Mitarbeitern. Sondern auch den zu Gott.

Mit langen Predigten und spitzfindiger Theologie könnte Ben solche Gottesdienstbesucher kaum fesseln. Hier zählt das pure Leben – echt, persönlich, ungeschminkt, authentisch.

Und so haben sogenannte „Lebensberichte" einen breiten Raum in vielen Gottesdiensten. Mitarbeiter aus dem *Seehaus* oder Gemeindemitglieder mit schillernder Vergangenheit berichten von Weichenstellungen ihres Lebens. Oft erzählen auch Gäste, mit deren verworrenen Lebenswegen sich manche der *Seehaus*-Jugendlichen identifizieren können:

Michael Stahl zum Beispiel, ein Mann aus äußerst schwierigen Verhältnissen. Der eine Zeit lang auf der Straße lebte. Dann Bodyguard vieler prominenter Zeitgenossen wurde. Und heute Coach und Trainer in Sachen Selbstverteidigung ist. Buchautor. Und viel gefragter Interviewgast.

Oder Willie Buntz, der nach zahlreichen Straftaten lange Zeit im Gefängnis saß, dort seinen Weg zum Glauben fand und seine Lebensgeschichte im Bestseller „Der Bibelraucher" aufschrieb. Gerade Menschen mit gewaltigen Brüchen in ihrer Biografie stoßen im Glemseck-Gottesdienst auf besonders offene Ohren.

Etwa vier von zehn Besuchern dieses Gottesdienstes haben direkt oder indirekt mit dem *Seehaus* zu tun, schätzt Ben. Das *Seehaus* und seine Freunde bilden also das Fundament der „Gemeinde am Glemseck".

Immer wieder dient der Gottesdienst auch als Anlaufstelle für „Alumni", also ehemalige *Seehaus*-Bewohner. So mancher Jugendliche taucht erst ein paar Jahre nach seiner Zeit im *Seehaus* wieder auf, berichtet Ben. Und dann erstaunlicherweise im Gottesdienst. Hier sucht er Kontakt. Erzählt von sich. Bittet gelegentlich um Hilfe. „Ein Alumnus zum Beispiel, mit dem ich mich im *Seehaus* besonders oft und besonders heftig gerieben habe, verschwand nach seinem Auszug auf Nimmerwiedersehen", erinnert sich Ben. „Doch genau der tauchte Jahre später überraschend im Gottesdienst auf und kam dann sehr regelmäßig immer wieder."

Mal sehen, wie es bei Andreas laufen wird.

Gottesdienste feierte das *Seehaus*-Team schon von Anfang seiner Geschichte an. Einmal im Monat traf man sich dazu. Der Gottesdienst war und ist für die meisten der *Seehaus*-Bewohner eins der Angebote, um in Kontakt zu kommen mit dem Glauben und mit Gott. Ein Angebot wie die „Zeit der Stille" an jedem Morgen, in der die einen im Koran lesen, die anderen in der Bibel und wieder andere in einem Roman. Ein Angebot wie der „Impuls" zum Beginn des Arbeitstags, in dem Mitarbeiterinnen und Mitarbeiter den Jugendlichen in kurzen, lebensnahen Andachten Anstöße für den Tag mitgeben wollen.

Wie der „Jugendkreis" jeden Freitagabend. Wie ein freiwilliger Glaubenskurs gerade für die Jungs, die vor der Zeit im *Seehaus* keinerlei Bezug zum christlichen Glauben hatten, aber etwas darüber erfahren wollen.

Glemseck-Leiter Ben Stock und seine Frau Esther kennen als frühere WG-Hauseltern die strengen Regeln des *Seehauses*. Doch gerade bei den geistlichen Angeboten ist ihnen wichtig: „Niemand kann zu seinem Glück gezwungen werden. Keiner von den Jungs darf unter Druck gesetzt werden. Niemand soll sich frommer geben müssen, als er ist."

Früher versuchten die *Seehaus*-Mitarbeiter, die Jungs, die sich für den Glauben interessierten, für die Zeit „danach" an Gemeinden in ihrer Heimat zu vermitteln. Manche Jugendlichen besuchten dann auch tatsächlich einmal einen Gottesdienst. Doch nur ganz wenige fanden wirklich hinein in eine „traditionell" geprägte kirchliche Gemeinde. Zu theoretisch, zu abgehoben, zu langweilig war für sie das, was sie dort erlebten.

Aus dieser Not heraus entstand die Idee, einen eigenen Gottesdienst zu starten. Eine Gemeinde aus der Taufe zu heben, die sich auf spezielle Gruppen von Menschen einlässt. Die Menschen Heimat bietet, die sich sonst nirgendwo richtig willkommen fühlen. Eine Gemeinde, in der auch Flüchtlingsfamilien herzlich aufgenommen werden. Eine Gemeinde, die ein starkes Programm für Kinder und Jugendliche macht. Eine Gemeinde, deren Mitglieder sich ehrenamtlich in sozialen Organisationen wie dem *Seehaus* engagieren, aber auch in der *Hoffnungsträger Stiftung*, in der Flüchtlingshilfe oder im Kampf gegen Zwangsprostitution.

Viel Platz für weiteres Wachstum hat die Gemeinde aktuell nicht. Der Hotelsaal kann an manchen Sonntagen die vielen Besucherinnen und Besucher nur so gerade eben noch fassen. Vielleicht wird eines Tages ein neuer Raum gebaut werden müssen, überlegt Ben. Und macht mir gleich deutlich: Das würde dann aber kein sakrales Gebäude werden, sondern eine Art Mehrzweckhalle. Denn die Gemeinde am Glemseck soll zwar weiterhin von attraktiven, lebensnahen Gottesdiensten leben. Aber ergänzend dazu von jeder Menge Aktivgruppen – die zusammen Sport machen, kreativ werden oder sich für andere engagieren. Glaube ganz praktisch statt langweiliger Theorie.

Eine Sprache, die Andreas und viele andere gut verstehen. Wie gut, dass man sich hier in der Gemeinde am Glemseck auf sie einstellt. Und ihnen – zumindest auf Zeit – eine Heimat bieten kann.

20.

Danke schön, thank you, muchas gracias! –

Ein Buch ist definitiv kein „Ein-Mann-Unternehmen"

Dieses Buch konnte ich nur schreiben, weil eine ganze Fülle engagierter Menschen in Deutschland und Kolumbien mich dabei unterstützt und dazu inspiriert haben. Weil sie mir Vertrauen geschenkt und Ideen geliefert haben. Weil sie sich meine Fragen gefallen ließen und mich sogar in manch hintere Ecke ihrer Seele blicken ließen.

Deswegen danke ich hier von ganzem Herzen all denen, die meine Arbeit an diesem Buch möglich gemacht haben.

Ich fürchte zwar, dass ich bei meiner Aufzählung einige vergessen werde (und die bitte ich hiermit ganz feierlich um Entschuldigung). Aber stellvertretend nennen will ich doch:

Aus dem *Seehaus:* Sara und Felix Bader, Esther und Ben Stock, Ingrid Steck, Elsa Reichert, Tanja und Daniel Ludwig, Dennis Frisorger und all die *Seehaus*-Jungs (die hier Bill, Sedin, Gunnar, Peter, Andreas, Santoro, Martin usw. heißen und ihre wahren Namen natürlich kennen).

Von der *Hoffnungsträger Stiftung:* Marcus Witzke, Hubert Kogel, Mirijam Schmidt, Michael Taut.

Aus den *Hoffnungshäusern:* Angelika und Thomas Röhm, Cathrin und Matthias Seitz, Denise und Martin Schechinger, Alyaa Elkhudary, Karin Link, Julia Breuninger, Fereba, Tala.

Kolumbien:

In Medellín: Den Kopf und Visionär der *Confraternidad Carcelaria de Colombia,* Lácides Hernández Alvarez, und seine gastfreundliche Frau Libia Nassif Saez.

Meine charmante Übersetzerin, Kolumbien-Erklärerin und Beschützerin Elizabeth Cortez Nassif.

Anna Luise Waizenegger und Simone Dengler, die mir bei der Quadratur des Kreises („Wie soll das Buch denn heißen?") eine große Hilfe waren und so die Entstehung des Buchtitels maßgeblich beeinflusst haben.

Vom Programm *hijos de prisoneros* (Zu Deutsch: *Die Kinder der Gefangenen):* Alba Cuello Atencia, Monica Restrepo Suarez, José Carlos Piedrahita Hernández, Manolo Mendoza Montiel.

Im Gefängnis *Bellavista:* Juan Pablo, Rober, Luis, Juan Esteban, Viktor und ganz besonders Edwin.

Außerdem Jorge Emilio Ganchozo, Jorge Rivera Anzola, Rober James Zea Marquez, Lina Hernández Nassif, Levis Nassif Saez, Torben Mundorff, Francisco Galán.

In Barranquilla und auf den Palafitos: Jenny Xiomara Montoya, José Santos Fonseca Garizao, Fanny, Margarita, Ana, Maria, Nehemia, Palito, Keki, Sofanor, José.

In Granada: Gloria, Barbara, Claudia und die anderen starken Frauen aus dem *sala de nunca mas.*

Ein ganz besonderes Dankeschön gilt Tobias Merckle, der unser Buchprojekt von Anfang an mit viel Vertrauen begleitete, sich unzähligen Fragen stellte und selbst bei schwierigen Themen niemals kniff. Auch als Dolmetscher, Kinderbelustiger, Kofferträger, Gastgeber und Motorikscha-Ersatzfahrer hat er unendlich viel zur Entstehung dieses Buches beigetragen.

Danke an Lektorin Petra Hahn-Lütjen und das gesamte Brunnen-Team, die von der Idee bis zur Realisierung eine ganze Menge Arbeit mit mir und diesem Buch hatte(n).

Danke vor allem Ihnen, verehrter Leserin, verehrter Leser, dass Sie sich mit diesem Buch beschäftigt haben. Falls es Ihnen gefallen haben sollte – empfehlen Sie es bitte weiter. Oder verschenken Sie es. Und unterstützen Sie nach Ihren Möglichkeiten die engagierten Personen und Institutionen, die ich Ihnen hier vorgestellt habe.

Nachwort von Tobias Merckle

Das Seehaus und der *Seehaus e. V.:*
Prävention – Opferhilfe – Straffälligenhilfe

1990 wurde mir klar, dass es meine Berufung ist, mit Straffälligen zu arbeiten und eine Alternative zum Gefängnis aufzubauen. Das Studium, die Praktika und vor allem die Arbeit bei *Prison Fellowship International* haben mich darauf sehr gut vorbereitet. 2003 wurde die Vision wahr, und wir konnten mit dem *Seehaus Leonberg* und später mit dem *Seehaus Leipzig* eine Alternative zum herkömmlichen Gefängnis aufbauen:

Der Jugendstrafvollzug in freien Formen ist ein Gefängnis ohne Mauern und Gitter. Junge Straffällige zwischen 14 und 23 Jahren können sich aus einer Justizvollzugsanstalt heraus dafür bewerben, sofern keine Sexualstraftrat vorliegt. Wenn sie von der Anstaltsleitung die Zustimmung bekommen haben, verbringen sie ihre gesamte Haft im *Seehaus*. Außerdem können wir junge Männer im Rahmen der Untersuchungshaftvermeidung sowie nach einer richterlichen Weisung oder Auflage aufnehmen.

Jeweils bis zu sieben Jugendliche oder junge Männer wohnen in einer Wohngemeinschaft mit Hauseltern und deren Kindern zusammen und erfahren so – oft zum ersten Mal – „funktionierendes" Familienleben, Liebe und Geborgenheit.

195

Im *Seehaus Leonberg* gibt es derzeit drei Wohngemeinschaften, im *Seehaus Leipzig* zwei.

Die jungen Männer übernehmen Verantwortung füreinander und leiten sich im Rahmen einer *Positiven Gruppenkultur* gegenseitig an. Sie lernen, für andere da zu sein und zu helfen. In einem durchstrukturierten Tagesablauf in der Wohngemeinschaft, bei der Arbeit und in der Schule werden die jungen Männer konsequent gefordert und gefördert. Von 5.45 bis 22 Uhr sind sie in ein striktes Erziehungsprogramm eingebunden. Hausputz, Schule, Arbeit, Berufsvorbereitung, Sport, gemeinnützige Arbeit, Auseinandersetzung mit den Auswirkungen von Straftaten für die Opfer, Wiedergutmachung, soziales Training und die Vermittlung christlicher Werte und Normen sind fester Bestandteil des Konzepts.

Während ihres Aufenthalts im *Seehaus* haben die jungen Männer die Möglichkeit, das erste Lehrjahr in den Bereichen Bautechnik, Holztechnik, Metalltechnik sowie Garten- und Landschaftsbau abzuschließen und parallel dazu einen Hauptschulabschluss zu bekommen. In der Ausbildung, bei Sport- und Freizeitaktivitäten erfahren die jungen Menschen, dass sie Gaben und Fähigkeiten haben und dass es sich lohnt, diese auszubauen und sich damit in die Gesellschaft einzubringen.

Es lohnt sich, in jeden dieser jungen Männer zu investieren – das Gute in ihnen zu sehen und zu fördern!

Viele von ihnen hatten sehr schlechte Ausgangsvoraussetzungen fürs Leben, manche kommen auch aus gutem Elternhaus und sind über den Freundeskreis, Alkohol oder Drogen abgerutscht. Es kann jede Familie treffen. Sie haben Schuld auf sich geladen, dafür müssen sie auch geradestehen und es möglichst wiedergutmachen. Gleichzeitig müssen wir alles tun, dass sie fortan einen guten Lebensweg gehen können, niemandem mehr schaden und sich aktiv und positiv in die Gesellschaft einbringen können.

Während der Zeit im *Seehaus* unterstützen wir sie bei der Ausbildungsplatzsuche. Wir sind sehr dankbar für alle Handwerksbetriebe und Unternehmen, die unseren Jungs bisher eine Chance gegeben haben. Nach absolviertem Praktikum konnten bisher 98 % in einen Ausbildungs- oder Arbeitsplatz vermittelt werden.

Für den Übergang ins Leben nach der Haft gibt es für die *Seehaus*-Alumni die Möglichkeit, auf freiwilliger Basis eine individuelle Nachsorge durch Mitarbeiter des *Seehaus e. V.* in Anspruch zu nehmen. Hier werden wir unterstützt durch ehrenamtliche Paten, durch Familien, die immer wieder Ehemalige von uns bei sich in der Familie oder in einer Einliegerwohnung aufnehmen, und durch sozialpädagogische Fachkräfte, die Jungs an den verschiedenen Standorten begleiten.

Neben der Straffälligenhilfe hat sich die *Opferhilfe* zu einem zentralen Tätigkeitsfeld des *Seehaus e. V.* entwickelt. An verschiedenen Standorten in Baden-Württemberg gibt es Opfer- und Traumaberatungsstellen. Die Mitarbeiter unterstützen Betroffene und deren Angehörige bei der Aufarbeitung belastender Erlebnisse.

Beim Programm *Opfer und Täter im Gespräch* (OTG) trifft sich eine Gruppe von Opfern und Tätern zu sechs Gesprächsrunden. Zwischen den Beteiligten besteht kein persönlicher Bezug. Die Opfer zeigen die Auswirkungen von Straftaten auf und erzählen ihre Leidensgeschichte. Täter berichten, was dazu geführt hat, dass sie straffällig geworden sind. Gemeinsam machen sich die Beteiligten auf den Weg zur Bewältigung der Vergangenheit.

Auch damit wollen wir *Restorative Justice* vorantreiben, ein Justizmodell, bei dem Opfer, Täter und Vertreter der Gesellschaft gemeinsam überlegen, wie die Folgen einer Straftat am besten wiedergutgemacht werden können. Die Opferperspektive steht dabei im Mittelpunkt.

Belästigungen, Mobbing, Gewalt und Suchtproblematiken sind Themen, mit denen nicht wenige Menschen im Alltag konfrontiert sind – sowohl als Opfer als auch als Täter. Wir wollen hier durch Präventionsarbeit Selbstbewusstsein stärken und Straftaten verhindern – auch durch das von Michael Stahl entwickelte Selbstbehauptungstraining *Protactics*, das wir für Kinder, Jugendliche und Erwachsene anbieten: Diejenigen, die eher gemobbt werden, können dadurch Selbstwertgefühl bekommen und sich anders behaupten. Diejenigen, die bisher andere schlagen und einschüchtern, lernen, anders mit ihren Aggressionen umzugehen und ihr Selbstwertgefühl durch Hilfe für andere statt durch Erniedrigung zu bekommen.

An mehreren Standorten in Baden-Württemberg können Jugendliche ihre Sozial- und Arbeitsstunden in Begleitung von Mitarbeitern des *Seehaus e. V.* ableisten. Begleitete Arbeitsstunden sind eine gute Möglichkeit zur Wiedergutmachung einer Straftat. Zugleich haben die jungen Leute die Chance, über die Ursachen der Straffälligkeit zu sprechen, Problematisches aus der Vergangenheit zu erkennen, aufzuarbeiten und Zukunftsperspektiven zu entwickeln. Die *Seehaus*-Mitarbeiter unterstützen sie dabei, ihre Persönlichkeit und Sozialkompetenz zu stärken – zum Wohl aller.

Darüber hinaus bieten wir Freizeitgruppen, soziale Trainingskurse und Opferempathietraining in verschiedenen Gefängnissen an. Zum *Seehaus* gehört auch ein Wald- und Tierkindergarten.

Wir sind sehr dankbar dafür, was seit 2003 alles entstanden ist. Dies war und ist nur möglich durch viele politische und gesellschaftliche Unterstützer, Ehrenamtliche, Spender und Sponsoren, durch viele, die uns im Gebet begleiten.

Herzlichen Dank an alle bisherigen – und zukünftigen Unterstützer!

Seehaus e. V.
Prävention – Opferhilfe – Straffälligenhilfe
Seehaus 1, 71229 Leonberg, Deutschland.
Tel. 07152/33123-302, Fax 07152/331 23-301
www.seehaus-ev.de
info@seehaus-ev.de

Spendenkonto:
Kreissparkasse Böblingen
IBAN DE80 6035 0130 0008 1766 82,
BIC BBKRDE6BXXX

Seehaus bei facebook: www.facebook.de/seehausev
Seehaus bei flickr: www.flickr.com/seehausev
Seehaus bei youtube: www.youtube.de/seehausev

Nachwort von Marcus Witzke

Die *Hoffnungsträger Stiftung* –
DAMIT INTEGRATION GELINGT

Das Anliegen der *Hoffnungsträger Stiftung* ist es, Menschen, die keine Hoffnung (mehr) haben, Hoffnung und eine Perspektive zu geben. In Deutschland setzen wir uns deshalb u. a. für die Integration von geflüchteten und sozial benachteiligten Menschen ein. In verschiedenen Ländern unterstützen wir Kinder und Familien von Straffälligen und arbeiten mit an Resozialisierung und Versöhnung.

Hoffnungshaus

Als die Flüchtlingskrise sich immer deutlicher abzeichnete, Menschen in Containern und Zelten versorgt wurden und langfristige Konzepte für Integration Mangelware waren, wurde uns klar: Das ist ein Bereich, in dem die junge *Hoffnungsträger Stiftung* sich langfristig einbringen will. Es sollte nicht *ein* Leuchtturmprojekt geschaffen werden, sondern eine multiplizierbare Lösung, die an vielen Orten umgesetzt werden kann.

Dafür haben wir ein integratives Wohnkonzept entwickelt, das sich bereits bewährt hat: die *Hoffnungshäuser*.

Hoffnungshäuser gibt es bereits in Bad Liebenzell, Esslingen, Leonberg, Schwäbisch Gmünd, Sinsheim und Straubenhardt. Weitere entstehen in Konstanz, Calw (Schwerpunkt *Bezahlbares Wohnen*), Nagold, Kraichtal und sicherlich noch an vielen anderen Orten.

Gemeinsam mit dem Architekturbüro *andOFFICE* haben wir einen modularen Systembau entwickelt, der sozial, ökologisch und auch ökonomisch nachhaltig ist. Die Architektur und die Holzbauweise haben bereits zahlreiche Preise auf Landes- und Bundesebene gewonnen. Unser integratives Wohnkonzept wurde 2019 vom Land Baden-Württemberg mit dem Integrationspreis sowie 2020 von der Bundeszentrale für politische Bildung ausgezeichnet.

Aus gutem Grund: In einem *Hoffnungshaus* leben geflüchtete Menschen mit anderen, die mitten im Leben stehen, gemeinsam unter einem Dach – in einer aktiven Hausgemeinschaft, die nach innen und außen wirkt. In vorwiegend geförderten Mietwohnungen gibt es eine Mischung aus Familien, Paaren und Alleinstehenden, die das Miteinander und die Integration zusätzlich fördert. Nicht nur das: An jedem Standort sind wir durch eine Leitung vertreten, die mit ihrer Familie ebenfalls im *Hoffnungshaus* wohnt und das gemeinsame Zusammenleben verantwortlich gestaltet.

Wir sind sehr dankbar für die enge Abstimmung und gute Zusammenarbeit mit den jeweiligen Kommunen, Kirchen und Vereinen und vor allem auch für die Menschen, die unsere inhaltliche Arbeit vor Ort ehrenamtlich oder durch Spenden unterstützen.

Impact Investment

Um die *Hoffnungshäuser* zu finanzieren und um Menschen eine Form der finanziellen Beteiligung zu bieten, haben Anleger die Möglichkeit, sich mit einem Darlehen ab 5.000 € finanziell am Bau eines *Hoffnungshauses* zu beteiligen und damit unsere integrative Arbeit vor Ort zu unterstützen. Diese Form der Geldanlage ist eine hervorragende Möglichkeit, anderen Menschen Gutes zu tun und dabei selbst zu profitieren. Die große Nachfrage und die guten Erfahrungen bei bisherigen Projekten zeigen uns, dass viele Menschen dasselbe Anliegen haben wie wir: dass Integration gelingt. Als Investor wird man Teil der Bewegung und verbindet Geldanlage mit einem guten Zweck.

Unterstützung für Kinder und Familien von Gefangenen

Als Vater von drei Kindern hat mich bei meiner ersten Reise nach Sambia tief bewegt zu sehen, wie Kinder, deren Eltern im Gefängnis einsitzen, unter der Schuld ihrer Eltern leiden müssen. Dieser bleibende Eindruck traf auf die Ideen unserer Partnerorganisation *Prison Fellowship International,* für diese Kinder Möglichkeiten zur Entwicklung zu schaffen. Lebensveränderung für Familien zu ermöglichen, in denen ein Familienmitglied straffällig wurde und neue oder erste Lebensperspektiven sucht, ist eines unserer zentralen Anliegen. Kindern zu helfen, die darunter leiden, dass ihr Vater (in über 90 % der Fälle) oder ihre Mutter im Gefängnis sitzen und nicht für die Familie da sein können. In Indien, Kambodscha, Kolumbien und Sambia arbeiten wir eng mit unserer Partnerorganisation *Prison Fellowship International* zusammen. Mithilfe von Spenderinnen und Spendern, Patinnen und Paten unterstützen wir dort Kinder und Familien, ihr Leben neu oder erstmals auf die Beine zu stellen.

Viele dieser Kinder leben in extremer Armut. Sie werden vergessen oder ausgestoßen, weil es kein Sozialsystem gibt. Ohne Unterstützung geraten sie in einen Teufelskreis aus existenzieller Not, Prostitution und Kriminalität. Wir gehen auf diese Kinder zu: mit offenen Armen. Damit sie die Perspektiven bekommen, die sie verdient haben. Und wir freuen uns über jede und jeden, die oder der uns dabei unterstützt.

Eine Patenschaft stellt sicher, dass ein Kind ausreichend zu essen und medizinische Versorgung erhält. Sie sorgt für ein sicheres Umfeld, in dem sich das Kind geliebt fühlt und sich entwickeln kann. Eine Patenschaft ermöglicht, dass ein Kind zur Schule gehen und seine Potenziale für eine bessere Zukunft entfalten kann. Und: Eine Patenschaft lässt ein Kind wissen: Ich sehe dich! Ich bin für dich da!

Gleichzeitig wird ein solches Kind selbst zum *Hoffnungsträger*. Für andere, die miterleben: Hoffnung kann Leben verändern. Aber eine Patenschaft ist nicht alles: Wir starten auch neue Initiativen, um vor Ort zu helfen, dass Menschen ihren eigenen Lebensunterhalt verdienen können, z. B. durch Hühnerzucht oder Nähen.

Resozialisierung und Versöhnung

Versöhnung und Frieden in Kolumbien ist ein Thema, das unserem Stifter Tobias Merckle in die Wiege gelegt wurde. Gemeinsam mit unserer Partnerorganisation machen wir uns stark für Versöhnung zwischen den Menschen, die während des jahrelangen Bürgerkrieges in Kolumbien Leid erfahren haben, und jenen, die dieses Leid verursacht haben.

Im Programm *Dörfer der Versöhnung* wird in einer Dorfgemeinschaft ein sechs- bis zwölfmonatiges Programm gestartet, bei denen sich Opfer und Täter begegnen. Sie sprechen über die Vergangenheit und lassen Versöhnung und Wiedergutmachung praktisch werden. Menschen, die in bewaffneten Gruppen der FARC Gewalt und Leid über die Dörfer gebracht haben, nehmen gemeinsam mit Dorfbewohnern teil – mit dem Ziel einer persönlichen Aussöhnung von Opfern und Tätern. Gleichzeitig bauen sie vor Ort an einem selbst gewählten Projekt Infrastruktur neu oder wieder auf. So wurden in den vergangenen Jahren zerstörte Kirchen, Schulräume oder Fußgängerbrücken durch Eigenleistung der Dorfgemeinschaft wiederaufgebaut. Durch praktische Arbeit wird die ausgesprochene Reue auch im Alltag sichtbar. Ehemalige Opfer und Täter gestalten gemeinsam Neues.

Hoffnungsträger Stiftung
Heinrich-Längerer-Str. 27
71229 Leonberg
Tel. 07152 / 56983-0
E-Mail: info@hoffnungstraeger.de
Website: www.hoffnungstraeger.de/
Instagram: https://www.instagram.com/hoffnungstraeger.de/
Facebook: https://www.facebook.com/hoffnungstraeger/

Spendenkonto
Commerzbank AG
IBAN: DE49 6004 0071 0599 6061 00
BIC: COBADEFFXXX

Ebenfalls von Christoph Zehendner im BRUNNEN Verlag erschienen:

NAMASTE – Du bist gesehen!
Abenteuer-, Mutmach-,
Hoffnungs-Geschichten aus Indien

224 Seiten, Hardcover
ISBN Buch 978-3-7655-0979-7
ISBN E-Book 978-3-7655-7498-6
ISBN Hörbuch 978-3-7655-8713-9

Kommen Sie mit auf eine Reise mit Christoph Zehendner und mit Singh Komanapalli, dem „Bischof der Hoffnung". Erleben Sie mit, wie aus einer Einladung zum Abendessen in Deutschland in Indien erst ein kleines Kinderheim entsteht, dann mehrere große, dann Schulen, Krankenhäuser, Ausbildung … und eine Kirche – mit inzwischen 120.000 Gottesdienstbesuchern in 1.500 Gemeinden.

Willkommen im Haus des Lachens
Versöhnungs- und Mutgeschichten
aus dem Heiligen Land

224 Seiten, gebunden
ISBN Buch 978-3-7655-0710-6
ISBN E-Book 978-3-7655-7541-9
ISBN Hörbuch 978-3-7655-8716-0

In diesem Buch erzählt Christoph Zehendner die Geschichte von LIFEGATE, einer Einrichtung, die schon Tausenden von Kindern und Jugendlichen mit Behinderung und deren Familien in Notlagen geholfen hat. Lesen Sie und erleben Sie mit, wie Burghard Schunkert und sein Mitarbeiterteam mit Gottes Hilfe aus kleinen Anfängen ein Werk errichtet haben, das heute Hoffnung schenkt im Heiligen Land.

BRUNNEN VERLAG GIESSEN
www.brunnen-verlag.de

Michael Stahl

Kein Herz aus Stahl
*Außenseiter, Bodyguard,
Herzenskämpfer*

208 Seiten, Hardcover
ISBN Buch 978-3-7655-0957-5
ISBN E-Book 978-3-7655-7393-4
ISBN Hörbuch 978-3-7655-8764-1
ISBN Download 978-3-7655-8794-8
auch bei allen Streaming-Diensten

Mein Herz schlug wieder so wild wie nach dem Traum am Morgen.
Wie würde Vater auf meinen Besuch reagieren? Seine Ablehnung und
Verachtung hatte ich oft genug zu spüren bekommen. Ich ging die
drei kurzen Schritte und klopfte. Dann drückte ich die flache Klinke
herunter und öffnete vorsichtig die Tür. „Vater", begann ich zögernd,
„ich muss dir etwas sagen …"

Als Sohn eines gewalttätigen Alkoholikers wird Michael Stahl auch
in der Schule gemobbt und herumgestoßen. Später macht er seinen
Traum vom Starksein als Bodyguard wahr und schützt Stars wie Nena
oder Boxlegende Muhammad Ali. Doch auch seine steile Karriere kann
die quälende Vater-Wunde nicht heilen. Schließlich macht er sich auf
den Weg, um Versöhnung zu finden – und den Gott, der ihm damals
auf den Bahngleisen das Leben gerettet hatte …

*Michael Stahl hat etwas zu sagen, weil er ein großes Herz hat. Er erzählt
eine Geschichte, die Mut und Hoffnung macht und Orientierung gibt.*
     Dr. Ulrich Giesekus, Professor für Psychologie und Beratung

BRUNNEN VERLAG GIESSEN
www.brunnen-verlag.de